2022 年度惠州市哲学社会科学项目“惠州城市社区治理共同体建设的实践与理论研究”的阶段性成果
广东省普通高校人文社科重点研究基地区域教育高质量发展与评价研究院、广东省社会科学研究基地惠州学院粤港澳大湾区教育高质量发展研究中心、惠州学院区域教育发展与评价研究院系列研究成果之一
惠州学院学术出版专项资助项目

治理与善治

——乡镇政府职能的定位、体现及转变

柳春慈 著

中国矿业大学出版社
·徐州·

图书在版编目(CIP)数据

治理与善治 ：乡镇政府职能的定位、体现及转变/柳春慈著. —徐州：中国矿业大学出版社，2022. 12

ISBN 978 - 7 - 5646 - 5414 - 6

Ⅰ. ①治… Ⅱ. ①柳… Ⅲ. ①乡镇—地方政府—行政管理—研究—中国 Ⅳ. ①D625

中国版本图书馆 CIP 数据核字(2022)第 242144 号

书　　名 治理与善治——乡镇政府职能的定位、体现及转变

著　　者 柳春慈

责任编辑 夏　然

出版发行 中国矿业大学出版社有限责任公司

（江苏省徐州市解放南路　邮编 221008）

营销热线 (0516)83885370　83884103

出版服务 (0516)83995789　83884920

网　　址 http://www.cumtp.com　**E-mail**：cumtpvip@cumtp.com

印　　刷 湖南省众鑫印务有限公司

开　　本 710 mm×1000 mm　1/16　**印张** 11.5　**字数** 200 千字

版次印次 2022 年 12 月第 1 版　2022 年 12 月第 1 次印刷

定　　价 69.00 元

前　言

乡镇政府作为处于我国政府体系最底层的基层政府，直接面向社会基层，具体负责贯彻落实党和国家的各项方针政策，同时，负责将广大人民群众的需求和愿望收集、整理、上报给上级有关部门。因此，乡镇政府是党和国家联系广大人民群众的重要桥梁和纽带，起着承上启下的作用，在中国行政体系中占据着极其重要的地位，在乡村经济和政治生活中扮演着重要的角色。乡镇政府职能发挥优劣，不仅关系到农村经济与社会能否持续发展，而且关系到农村能否实现社会稳定。

2005 年 10 月，党的十六届五中全会明确提出了建设社会主义新农村的重大历史任务，要按照生产发展、生活宽裕、乡风文明、村容整洁、管理民主的要求，坚持从各地实际出发，尊重农民意愿，扎实稳步推进新农村建设。而且，我国自 2006 年开始，在全国范围内免征农业税，这标志着“以农养政”时代成为历史。经济基础决定上层建筑，农村税费改革必然会直接触动我国农村基层政治体制的变革。另外，随着村民自治工作的逐步深入开展，村民民主意识和民主能力得到了提高。在新的形势下，乡镇政府往何处去，乡镇政府的职能如何界定，乡镇政权体制改革的可行路径是什么，等等，成为理论界和实践界共同关注的热点问题，值得深入研究。

治理理论作为自 20 世纪 90 年代在全世界范围迅速兴起的政治学和行政学先进理论，对我国乡镇政府职能转变具有重要的借鉴价值和参考意义。作为善治的治理从本质上说就是使公共事务所覆盖的公共利益最大化的社会管理过程，其最大的特点在于强调政府和社会对公共事务的共同治理。治理和善治理论将私人部门的管理理念和公共部门的管理观念相融合，既强调公共部门的公共服务使命，又重视私人部门的效率目标追求；不仅关注将市场的激励机制和私人部门的管理手段引入政府公共部门，而且重视社会组织的发展，强调非市场力量的凝聚。治理理论关注社会合意性、倡导民主价值、致力于国家与社会关系的调适，强调政府不仅仅是“市场式的政府”，更应该是“社会共同治理”型的政府。治理和善治理论既强调服务效能的提高，也重视服务行为的公正性，即表现出了对管理主义和民主理念的双重关注。因此，本书试图以治理和善治理论为指导，以实现政府善治为目标，对乡镇政府的职能进行研究，从乡镇政府职能定位、履行与保障三个方面对其进行讨论，进而有效规范乡镇政府行为、提高乡镇政府行政能力，最终促进社会主义新农村建设的顺利推进。

本书内容包括导论、正文七章和结语共九个部分。

导论部分主要阐述了本书的研究意义，对研究现状和相关文献进行了评析，简要说明研究方法、各章安排，简单介绍了本书的几个主要概念。

第一章主要考察了乡镇政府职能的现状。我国现阶段乡镇政府职能存在很多问题，如：乡镇政府职能的法律规定不够具体；乡镇政府职能范围广、有效服务少；乡镇政府职责任务重、权力资源小；乡镇政府履行职能往往是对上服务与对下服务不统一；等等。这些问题的存在主要是由以下一些因素造成的：相关法律规定过于泛化，赶超型的现代化战略，集权型的财政体制、机构和岗位设置落后，干部队伍素质偏低，等等。这是乡镇政府职能转变的现实基础。

第二章重点剖析了乡镇政府职能转变的背景，面临的机遇和挑战。它包括党的十六届五中全会提出的建设社会主义新农村、农村税费改革特别是自2006年开始全面取消农业税的政策以及在中国践行多年的村民自治等三个方面给乡镇政府职能转变带来的各种机遇和挑战。只有全面了解和认识乡镇政府职能转变所面临的机遇和挑战，才能使我们的乡镇政府职能转变目标明确，有的放矢。

第三章全面阐述了用以指导乡镇政府职能转变的先进科学理论——治理理论，治理理论追求的目标是善治状态，同时关注民主价值和效能价值。乡镇政府职能转变的最终目标是实现乡镇政府的善治。因此，作为善治的治理强化了乡镇政府职能定位必须保持政治职能和服务职能的平衡性，强调了乡镇政府政治职能实现方式的民主性，突出了乡镇政府服务职能实现的竞争性以及强调了乡镇政府职能实现需要整体改进的综合性特征。治理理论从乡镇政府职能内容定位、实现方式和相关保障三个方面指出了乡镇政府职能转变的基本思路。

第四章到第七章是本书的研究重点、理论落脚点和实践价值之所在。在前面的纵向历史考察、现实问题确认和充分理论铺垫的基础上，第四章具体分析了乡镇政府职能定位需要实现乡镇政府政治角色和服务角色的平衡，区分公共物品的“生产”与“提供”是保持角色平衡的重要途径，进而在综合国外基层政府职能定位经验和我国农村社会的公共需求的基础上，概括出了我国乡镇政府在政治角色的职能定位是维护民主权利，在服务角色方面的职能定位是提供最优农村公共产品。治理理论对于民主价值和效能价值的同时关注，强化了我国乡镇政府既要维护农民民主权利，又要供给农村公共产品的职能，二者不可偏废。

第五章重点强调了我国乡镇政府的政治角色实现主要体现在维护农民民主权利上。治理理论中的民主理念，更多地被理解为是在宪政制度的基础上，依靠发达的公民社会和丰富的社会资本，依靠人民自治的共同体，获得参与公共事务管理的权利，并实际地参与公共事务决策和管理的过程。因此，我国乡镇政府的建设当然要以民主政府为目标，理应维护农民民主权利。在乡镇一级构建多元的民主合作机制，扩展乡村人民民主参与乡镇政治的渠道，使之有足够的政治权利参与到乡政的选举、决策、管理和监督等诸多层面和各种事务当中，使国家与乡村民间社会在乡镇社区治理中达成全面、积极和有效的合作。具体表现为：培育和发展农村社会民间组织、发展完善村民自治工作、改革乡镇领导干部选拔任用方式、促进和完善乡镇政务公开以及加强乡镇人民代表大会制度建设等方面。

第六章重点强调了我国乡镇政府的服务角色主要表现在为农民提供最优农村公共产品上。乡镇政府作为直接服务于农民群众的一级政府，为了更好地服务农村、农业和农民，必须提供最优农村公共产品，包括从关系农民生存权利的最基本公共产品到具有完全外溢性的公共产品。治理理论制度创新最为关键的一环就是对公共物品“提供”和“生产”的区分。政府掌舵而不划桨，政府授权而不必躬亲。政府职能转变中的一项主要内容就是改变政府的传统做事方式，从而提供更高效的公共服务和公共产品。乡镇政府在实现其供给农村公共产品的过程中，应该借鉴治理理论中多元化的理念，突出多镇政府职能实现的竞争性。在公共产品供应过程，特别是生产过程中，一定要引入竞争机制，以保证农村公共产品的高效最优供给。

第七章重点强调了乡镇政府职能顺利实现转变需要的保障因素的建设。我国的乡镇政府职能转变发生在“市场化”经济体制改革和“民主化”政治体制改革的整个过程中，牵涉多方面的影响因素，既包括行政系统内部因素，也包括行政系统外部因素。因此，推进乡镇政府职能转变不是一个简单的、单方面的行动，而是一个“牵一发而动全身”的错综复杂的系统改革。治理理论告诉我们，乡镇政府职能的转变不仅仅是乡镇政府自身的事情，它还取决于政府间的横向和纵向关系，也取决于政府和各种社会民间组织、私人、企业的关系。只有把乡镇政府放到与其周边相关的复杂关系网络中，乡镇政府职能转变才能最终得到落实。因此，为了确保乡镇政府职能转变得以顺利实现，我们必须进行许多相关因素的综合改革。本书主要从尽量缩小县对乡镇的行政性支配力量、尽力加强乡镇政府自身的整体改进、积极拓展村对乡镇的民主性调试力量等三方面讨论相关保障因素的建设。

结语部分是对全书的一个简要概括，提出了本书的主要结论、创新之处和继续研究的方向。

目 录

导 论

第一节 研究意义与价值

我国是农村人口占绝大多数的国家。自古以来,“三农”(农业、农村、农民)问题始终是我国的重大政治问题。实现国家对农村社会的有效治理,一直是历届政府努力探寻的政治目标。党的十六大确立了全面建设小康社会的奋斗目标,要实现全面建设小康社会的目标,重点在农村,难点也在农村。因为农村人口众多,农村经济发展水平、文化教育卫生事业、民主政治建设进程明显滞后于城市。2005年10月,党的十六届五中全会明确提出了建设社会主义新农村的重大历史任务,“要按照生产发展、生活宽裕、乡风文明、村容整洁、管理民主的要求,坚持从各地实际出发,尊重农民意愿,扎实稳步推进新农村建设”。这是党和国家为解决“三农”问题而实施的重要战略举措。目前,在我国的农村社会,政府和市场是左右其发展的两个重要力量。其中,政府的力量最为关键,尤其是直接面对广大农民的乡镇政府。乡镇政府作为最基层的一级政府,应该如何进行治理,其职能应该如何定位、如何履行、如何保障等等这些都是值得研究的问题。本书结合实际调查的乡镇政府的情况,研究乡镇政府治理过程中的职能定位、履行、保障和转变等问题,不仅具有突出的现实意义,而且也具有重要的理论价值。

一、现实意义

乡镇政府在乡村经济和政治生活中扮演着重要的角色,其职能发挥优劣,不仅关系到农村经济与社会能否持续发展,而且关系到农村能否实现社会稳定。具体体现在以下几个方面:

第一,乡镇政府职能发挥优劣直接影响农村物质文明建设的成果。发展农村经济是农村物质文明建设的一个重要内容。有效发挥乡镇政府职能作用,有利于促进农村经济的发展。自农村实行家庭联产承包责任制以来,农民拥有了生产经营自主权,农村经济的发展充满生机和活力。但此发展过程中,也产生了不少问题、困难和矛盾:农业增产不增收、农产品生产与销售脱节、农用资金短缺、土地流转失范、农业社会化服务体系缺失、农民的单户生产与市场要求的规模化生产之间的矛盾等等。这些问题、困难和矛盾靠个体农户家庭是无法解决的,需要乡镇政府进行有效地管理和服务才可能解决。比如,针对农用资金短缺的问题,目前只有依靠乡镇政府积极引导农村金融部门改进农村信贷服务,在保障资金安全的前提下,加大对农业结构调整的支持力度,通过小额贷款等形式,支持农户自主调整生产结构,发展高效农业;再如,要解决单个农户的小生产适应市场经济的规模化要求的矛盾,首要的就是提高农民进入市场的组织化程度,这在很大程度上也需要乡镇政府的大力引导和支持。总之,在农村市场经济还不完善的条件下,乡镇政府在促进农村经济发展、搞好农村物质文明建设方面必须充分发挥作用。

第二,乡镇政府职能发挥优劣关系农村精神文明建设的效果。提高广大农民的思想道德素质、科学文化素质和健康素质是农村建设文明建设的重要内容。过去农民的生活习惯是"日出而作,日落而息",精神文化生活比较贫乏。改革开放以来,农村的精神文化生活发生了明显的变化,农民的文化水平也有了显著提高,精神面貌大为改观。但是,这还远远不能达到社会主义新农村建设的目标。因此,乡镇政府必须要在农村精神文明建设方面认真作为、有效作为。既提高农民的思想道德水平,加强文化基础设施建设,如学校、文化馆、图书馆、卫生院等,又要普及科学文化知识,教育和引导农民移风易俗、破除迷信、革除陋习,使其逐步形成适应现代社会需求的生活方式、生育观念和精神追求。

第三,乡镇政府职能发挥优劣影响农村政治文明建设的成效。发展农村基层民主政治是农村政治文明建设的重要内容。党的十六大报告明确指出:"发展社会主义民主政治,建设社会主义政治文明,是全面建设小康社会的重要目标。"而且,社会主义新农村建设也明确提出了要实现"管理民主"的目标。农村政治文明建设是社会主义政治文明建设的重要组成部分,其发展状况在很大程度上影响和制约着当代中国政治文明的发展态势。乡镇政府作为联系国家和农民的桥梁和纽带，在农村政治文明建设中有着不可缺少的作用。一方面，通过领导村民委员会的工作，促进和保障村民自治真正落到实处，另一方面，通过开展政治教育，提高农民行使政治权利的意识和能力。

第四，乡镇政府职能发挥优劣关系社会稳定和国家安全。乡镇政府是国家权力再分配的空间投影，是我国政权建设的微观基础。乡镇治理情况的好坏，关系到我国中央和地方政府的职权能否在这一区域内合理而有效地行使。美国著名政治学家塞缪尔·亨廷顿在论及发展中国家的政治稳定时指出："得农村者得天下"，"农村的作用是个变数，它不是稳定的根源，就是革命的根源"。在论及农民的作用时，塞缪尔·亨廷顿强调："如果农民默许并认同现存制度，他们就为该制度提供了一个稳定的基础，如果他们积极地反对这个制度，它就会成为革命的载体。"①中国古代政治家魏征也早已有言："载舟覆舟，所宜深慎。"②早在民主革命时期，毛泽东就曾指出："中国有百分之八十的人口是农民，这是小学生的常识。因此农民问题，就成了中国革命的基本问题。"③改革开放以后，邓小平也多次强调："中国有百分之八十的人口住在农村，中国稳定不稳定，首先要看这百分之八十稳定不稳定。"④党的第三代和第四代中央领导集体也一再要求处理好农民问题，重视、做好农业和农村工作。1998 年，中共中央办公厅、国务院办公厅联合发布的《关于在农村普遍实行村务公开和民主管理制度的通知》中明确指出："农民是我们党在农村的依靠力量，也是我们国家政权最广泛、最深厚的群众基础。"特别是近年来，党和国家更是着眼于深化改革，肩负全面建设小康社会的历史使命，把握时代的发展趋势，接连多年发出"一号文件"着力解决"三农"问题，并适时提出了"建设社会主义新农村"的重大战略部署。

---

① 塞缪尔·亨廷顿著：《变化社会中的政治秩序》，王冠华等译，三联书店 1989 年版，第 267 页。

② 魏征：《谏太宗十思疏》，载［清］吴楚材、吴调侯编：《古文观止》，曹惠民、刘英译注，中国社会科学出版社 2004 年版，第 561 页。

③ 毛泽东著：《毛泽东选集》第 2 卷，人民出版社 1991 年版，第 692 页。

④ 邓小平著：《邓小平文选》第 3 卷，人民出版社 1993 年版，第 65 页。

因此，乡镇政府职能研究具有非常重要的现实意义，乡镇政府职能的有效发挥将有助于解决乡镇治理过程中的现实问题，促进农村政治的稳定以及社会、经济的协调发展。

二、学术价值

乡镇政府职能研究不仅具有突出的现实意义，也具有重要的理论价值，具体表现在：

第一，乡镇政府职能研究可以为乡镇政府改革提供理论支持。我国的乡镇政府是国家为治理乡村社会所设立的直接面对民众的基层政权组织。1970年代末至1980年代初，随着中国农业经营制度的变革：从农业的集体经营转变为农业的家庭经营，农村原有基层政权体制——人民公社随之瓦解，中国农村政治和社会进程发生了深刻的变化，逐渐形成了“乡政村治”的新的治理格局。这在当时的确激发、释放了我国乡村的活力，促进了农业生产较高速度的增长，并且巩固了家庭经营体制。然而时间进入1990年代，随着市场经济体制在我国的全面确立，农村经济和社会进入了一个新的发展阶段，再加上中央对“三农”问题的关注，乡镇政府的改革和发展不仅成为社会各界普遍关注的焦点，也是理论、学术界讨论的学术热点。本书试图通过借鉴治理理论的相关思想，分析探讨我国的乡镇政府应该承当什么样的职能、这些职能如何实现以及实现职能所需的保障措施，进而为我国的乡镇政府改革提供理论支持。

第二，乡镇政府职能研究有助于对乡镇政府进行较为系统、细致的研究。目前虽有众多的专家学者对乡镇政府进行了各种不同的研究，但是，目前由不同的研究方法和各异的理性关怀而产生的理论成果，尚不足以形成对中国乡镇政府职能的专门、深入、系统、细致的诠释。不少分析依然是零碎的，没有把乡镇政府职能作为一个专门的领域进行系统研究。情况表明，一方面，乡镇政府要实现善治，亟待新的理论来支持，以解决现实中存在的许多困惑；另一方面，乡镇政府职能的研究仍然存在很大的探索空间，需要通过不断的理论创新来弥补。

第三，乡镇政府职能研究有助于深化地方政府理论。地方政府理论的研究对象是地方的国家机构及其对地方的公共管理，它的研究任务是揭示地方国家机构设置和地方公共管理的一般规律。当前理论界对地方基层政府的研究主要集中在基层选举、地方政府机构改革等话题，即使讨论乡镇政府职能，也是从传统的行政管理角度对其进行论证。然而，从治理的角度讨论乡镇政府职能的研究成果还不多见。

第二节 乡镇政府职能研究的现状述评

一、有关治理理论的研究现状

本书试图以治理理论为理论视角来研究乡镇政府职能问题，因此有必要对治理理论的研究现状及其在实践中的运用情况进行梳理和总结。

“治理”(governance)是20世纪90年代在社会科学领域中流行起来的核心概念，治理一词是相对于传统的统治(government)而言的。自从世界银行1989年在讨论非洲发展时首先提出“治理危机”(crisis governance)以来，“治理”这个概念在学术界很快就流行开来，其含义也与“government”相去甚远。在治理理论提出以后，“治理”“治理变革”不仅成为政治学和行政学者的经常性用语，而且也引起了政治家和政治组织的关注。卡赞西吉尔就指出：“在所有工业国家中，通向治理的制度改革可以说是对于新自由主义意识形态要求的一种响应。OECD(经济合作与发展组织)正是这方面的一个论坛。当时人们认为，从治理所引申出的大的国家—社会间的互动将有助于改善民主政体及其合法性。当时的努力主要集中于如何通过加大产出、减少官僚环节以取得更大的效益(以最小的成本取得最大的效益)。”①以撒切尔、里根为代表的政治家，为了挽救英、美的经济和社会危机，也彻底抛弃了凯恩斯主义，全盘接受并积极推行了一整套新自由主义政策，对英、美的经济社会进行了重大的结构调整和改革。同时，一些重要的国际组织也纷纷发表正式报告专门阐

① [法]阿里·卡赞西吉尔：《治理和科学：治理社会与生产知识的市场式模式》，载俞可平主编：《治理与善治》，社会科学文献出版社2000年版，第128—129页。

述治理问题，世界银行 1992 年年度报告就是以“治理与发展（Governance and Development）”为标题的，在此后几年的年度报告中也都使用和强调了治理理论；OECD 在 1996 年也以《转变中的治理》为题发布“促进参与式发展和善治的项目评估”，总结 OECD 国家的治理变革。在学术研究中，一些国际学术组织也就治理理论问题召开一些学术研讨会，如国际行政科学学会 1999 年 6 月在菲律宾召开的年会就是以“从统治到治理”为主题①，还有 2000 年在中国国家行政学院召开的国际行政院校联合会年会也是以“增进政府的责任性、回应性和效率：面向新世纪的观念与启迪”为主题②。另外，在治理的研究中还出现了许多代表人物及其代表作，如詹姆斯·N. 罗西瑙的《没有政府的治理》、R. 罗茨的《新治理：没有政府的统治》、盖伊·彼得斯的《政府未来的治理模式》等等。综合国际上对治理理论的研究，可以概括为以下几个方面③：

（1）研究组织治理。如公司治理、多边组织内部的治理结构。由于缺乏民主控制和市场约束，这类组织出现了内部治理失灵。

（2）研究治理与发展的关系。这是从治理功能的角度讨论良好的治理与经济社会发展、政治发展和人类发展的关系。世界银行、联合国开发计划署非常关注治理与发展的关系。

（3）研究治理的质量评估问题。这种研究是与组织治理研究相区别的，强调为了影响公共政策的结果，利益相关者之间互动的方式。质量评估主要是对治理进行量化研究。

（4）研究治理的方式和手段问题。主要讨论采用什么样方式来进行治理。如在欧盟研究方面，开始关注多层治理、网络状治理等问题；在国际关系领域，已开展对多边合作、全球治理等问题的研究；在联邦制研究方面，提出了复合辖区、多中心治理等概念；在地方政府研究领域，出现了复合地方辖区、多中心治理等概念；在对城市（大都市）治理研究的过程中，提出了公司伙伴关系模式、政府与非政府组织伙伴关系模式等。

---

① 参见刘东汶：《从统治到治理会议综述》，载《中国行政管理》，1999 年第 8 期。

② 参见《人民日报（海外版）》，2000 年 7 月 11 日第四版。

③ 转引自林志鹏：《我国公共决策制度创新问题研究——公共治理理念与互动式参与决策》，吉林大学博士学位论文，第 8—19 页。

由此可以看出，国外对于治理理论的研究历史虽然不长，但相关研究文献已经不少。从国外政治学和行政学界对治理理论问题的研究来看，政治学家研究治理问题关心的重点是治理模式的转变、权力的回归社会以及如何重新分配资源等问题，而行政学者则强调政府自身的改革以及政府与市场之间关系的重新定位。① 因此，自20世纪90年代以来，经过西方国家理论界的使用、阐释和发展，通过国际组织和众多国家的政治和行政实践，治理不仅拥有了全新的含义和概念，而且成为当代国际学术界指导公共管理实践的一种新理论和新理念。

而在我国，governance被译成“治理”，最早出现在市政学中，用来研究如何有效地解决城市和地方上的种种问题。② 但是，“治理”概念广泛引起我国学者的关注是在20世纪90年代以后。我国最早一篇有关“治理”的文章出现在《市场逻辑与国家观念》一书中，是智贤先生的《Governance：现代“治理”新概念》，文中他将Governance翻译成“治道”，认为“治道”是关于治理公共事务的效能，驾驭经济发展的能力。③ 由此可见，当时国内学者对治理的理解主要源自世界银行等国际经济组织对“善治”的用法。此后，这一理论在政治发展研究中得到

① 关于这方面的理解，中国人民大学毛寿龙教授在把governance翻译成“治道”，并在把有关“治道”的学问称之为“治道学”的基础上，对治道学、政治学和行政学三者作了区分。他认为，治道学与政治学相比，政治学研究统治问题，而治道学研究的是政治生活中的公共行政问题。与行政学相比，行政学研究的是政治与行政分开条件下的公共行政，而治道学研究的是公共行政的政治方面，并强调行政与管理分开，实现管理的自主化。参见毛寿龙、李梅、陈幽泓著：《西方政府的治道变革》，中国人民大学出版社1998年版，第7页。

② 陈振明主编：《公共管理学种不同于传统行政学的研究途径》，中国人民大学出版社2003年版，第81页。

③ 智贤：《Governance：现代“治道”新概念》，载刘军宁等主编：《市场逻辑与国家观念》，生活·读书·新知三联书店1995年版，第55—56页。

了广泛运用，有关“治理”理论文献不断出现。[①] 国内学者关于治理问题的研究大致有以下几种不同的研究方向：

第一种研究方向以中央编译局俞可平教授为代表，从公民生活部门的角度来关注治理问题，认为“由民间组织独自行使或它们与政府一道行使的社会管理过程，便不再是统治，而是治理。治理和善治的本质特征是公民社会组织对社会公共事务的独立管理或与政府的合作管理，善治需要公民社会的发展，没有健全的公民社会，不可能有善治；反之，公民社会的发展必然直接地或间接地要影响治理的变迁”[②]。这不仅将自治的民间组织视为对政府行为强有力的外部制约，而且将民间组织看作是沟通政府与公民的重要桥梁和影响政府决策与改革的重要因素。

第二种研究方向以中国人民大学毛寿龙教授为代表，主要从政府管理的角度关注治理理论，关注政府自身的运作机制问题。在《西方政府治道变革》中，他将 governance 翻译成治道，认为“治道是在市场经济条件下政府如何界定自己的角色，如何运用市场方法管理公共事务的道理。治道变革指的是西方政府如何适应市场经济有效运行的需要来界定自己的角色，进行市场化变革，并把

① 国内代表性的论文有：徐勇：《Governance：治理的阐释》，载《政治学研究》，1997 年第 1 期。张成福：《创造新的政府治理模式》，载刘智峰主编《第七次革命》，经济日报出版社 1998 年版，第 193—203 页。唐贤兴：《全球治理与第三世界的变革》，载《欧洲》，2000 年第 3 期。徐勇：《治理转型与竞争——合作主义》，载《开放时代》，2001 年第 7 期。俞可平：《全球治理引论》，载《马克思主义与现实》，2002 年第 1 期。孙柏瑛：《当代政府治理变革中的制度设计与选择》，载《中国行政管理》，2002 年第 2 期。此外，《中国行政管理》杂志 2001 年第 9 期、《南京社会科学》杂志 2001 年第 9 期分别刊登了一组讨论“治理”理念的文章。《中国行政管理》杂志 2001 年第 9 期以“中国离‘善治’有多远——‘治理与善治’学术笔谈”为题刊发了部分国内专家学者从不同视角对治理精神的理解，文章主要有：俞可平《治理和善治分析的比较优势》，李景鹏《中国走向“善治”的路径选择》，毛寿龙《国际与国内视野中的治道变革》，高小平《实现良好治理的三大基础》，彭兴业《加强经济全球化时代国际大都市治理研究》，杨雪冬《要注意治理理论在发展中国家的应用问题》。《南京社会科学》2001 年 9 月以“治理理论与公共管理笔谈”为题，立于中国公共管理实际，在理解治理理论时，试图从治理理论对重构中国民主政治知识体系，寻求善治的制度平台，转换公共政策制定模式，摆脱市场化进程中公共管理的低效甚至个别方面的失败，在理论和运作上给予中国公共管理以借鉴和启示。文章主要有：俞可平《治理和善治：一种新的政治分析框架》，毛寿龙《现代治道与治道变革》，程杞国《从管理到治理：观念、逻辑、方法》，孔繁斌《政治学知识的转向：治理理论与公共管理》。国内有代表性的著作有：俞可平主编：《治理与善治》，社会科学文献出版社 2000 年版。俞可平主编：《全球化与全球治理》，社会科学文献出版社 2003 年版。毛寿龙、李梅、陈幽泓著：《西方政府的治道变革》，中国人民大学出版社 1998 年版。

② 俞可平：《中国公民社会的兴起与治理的变迁》，载俞可平主编：《治理和善治》，社会科学文献出版社 2000 年版，第 328—329 页。

市场制度的基本观念引进公共领域，建设开放而有效的公共领域”。[①] 毛寿龙教授采用了治理的新公共管理的用法，强调了企业经营技巧及市场导向的激励机制在公共管理中的运用。

第三种研究方向以厦门大学陈振明教授为代表，该研究方向提出以“合作网络”或“网络管理”关注治理理论，试图在“网络管理”的框架内整合上述两种途径。他认为，“治理就是对合作网络的管理，又可称为网络管理或网络治理，指的是为了实现与增进公共利益，政府部门和非政府部门（私营部门、第三部门或公民个人）等众多公共行动主体彼此合作，在相互依存的环境中分享公共权力，共同管理公共事务的过程。对政府部门而言，治理就是从统治到掌舵的变化；对非政府部门而言，治理就是从被动排斥到主动参与的变化”。[②] 这实际上是“一种以公共利益为目标的社会合作过程——国家在这一过程中起到了关键但不一定是支配性的作用”。[③] 治理实际上意味着合作管理。

第四种研究方向以华中师范大学徐勇教授为代表，试图运用治理理论作为研究乡村社会和村民自治的分析框架，提出“村治”“乡村治理”等概念来研究乡村治理结构问题。[④] 他认为，作为政治词汇，“治理”一词在我国源远流长，主要有以下几个方面的含义：第一，指统治。这是治理最原始和基本的意思，反映统治者对社会的统治和统治者与被统治者的关系。第二，指秩序、安定。统治者通过其治理活动所达到的政治稳定、社会平安的目标，与“乱”相对应。第三，是整顿、惩处。指统治者为达到一定目的对政治和社会事务的管理过程，如治罪、治水、治沙等。这三层含义与西方社会不同，特别是与上文所属的“governance”理念不同，“统治”在中国的政治词汇中使用得更为频繁。但是，“尽管治理是在西方社会语境下发展并被赋予不同含义，但作为一个政治学的分析概念对于中

---

① 毛寿龙、李梅、陈幽泓著：《西方政府的治道变革》，中国人民大学出版社 1998 年版，第 7 页。

② 陈振明主编：《公共管理学种不同于传统行政学的研究途径》，中国人民大学出版社 2003 年版，第 87 页。

③ 托尼·麦克格鲁：《走向真正的全球治理》，载《马克思主义与现实》，2002 年第 1 期，第 36 页。

④ 参见徐勇：《Governance：治理的阐释》，载《政治学研究》，1997 年第 1 期；贺雪峰：《村治研究的分层和深化》，载《中国社会科学季刊》，1999 年春季号；吴毅、贺雪峰：《村治研究论纲——对村治作为一种研究范式的常识性揭示》，载《华中师范大学学报》2000 年第 3 期；徐勇著：《乡村治理与中国政治》，中国社会科学出版社 2003 年版。

国的政治发展也有其独到价值，只是我们必须将这一词汇放在中国特定的历史进程中加以考察”。[①] 他认为，治理必须借助于公共权力对公共事务的处理，以支配、影响和调控社会的过程，是公共权力与社会的互动过程。而且治理也非常重视治理的形式，即公共权力的配置和运作。

二、有关乡镇政府职能的研究现状

1. 关于地方政府[②]职能的研究现状

乡镇政府职能研究从属于地方政府职能研究。目前来看，关于政府职能和地方政府职能的研究成果较多，为了本研究的需要，本书参考的关于政府职能研究的有：施雪华所著《政府权能理论》，该书探讨了不同类型的国家在现代化进程中，政府职能结构重心位移的原因，并通过对政府职能转变的障碍、动力和模式等问题的分析，揭示了政府职能转变与政府能力的相互关系及其对现代化进程的影响。施雪华指出，“政府的政治统治能力主要包括政府的民主能力和专政能力两大层面。政府的民主能力是政府建构政治、经济、行政、司法和文化等体制的能力，容纳、鼓励、支持、平衡公民民主参与、民主决策、民主监督等民主权利与义务的能力”。[③] 金太军所著《政府职能梳理与重构》，该书对政府职能

---

① 徐勇：《治理转型与竞争——合作主义》，载《开放时代》2001年第7期，第26—33页。

② 关于地方政府的概念，中西方差异较大。在中国，大多数辞典中都把“地方政府”作为“中央政府”的对应物，除中央政府以外的各个层级的政府都是“地方政府”。《国际社会科学百科全书》写道：“地方政府一般可以认为是公众的政府，它有权决策和管理一个较小地区内的公众政治，它是地区政府或中央政府的一个分支机构。地方政府在政府体系是最低一级，中央政府为最高一级，中间部分就是中间政府（如州、地区、省政府等）。”英国《不列颠百科全书》在“政治制度”词条中，将政府按层级分为三种：国家政府、区域政府、地方政府。“地方政府”一词是指那些对所在地域进行直接治理的政府，即“当地的政府”“本地的政府”。这一类“地方政府”在中国通常被称为基层地方政府，只是中国地方政府中的一部分。“区域政府”则是指“地方政府”上一个层级的、治理范围更大的地区性政府。在中国，这类政府仍属地方政府的一部分，通常被称为高层（或中层）地方政府。美国著名政治学家查尔斯·A. 比尔德在其名著《美国政府与政治》中，将美国的政府分为三个层级：联邦政府、州政府、地方政府。州政府是联邦成员单位（州）政府，不是“地方政府”；“地方政府”是州的下属政府。《现代美国百科全书》更明确地指出：地方政府在单一制国家里，是中央政府的分支机构，在联邦制国家里，是联邦成员单位政府的分支机构。此外，在美国各种涉及地方政府研究的著述中，学区、公园区等也被列为地方政府单位。参见：徐勇、高秉雄主编《地方政府学》，高等教育出版社2005年版，第1—2页。沈荣华主编《地方政府学》，社会科学文献出版社2006年版，第2页。薄贵利著《近现代地方政府比较》，光明日报出版社1988年版，第1—2页。

③ 施雪华著：《政府权能理论》，浙江人民出版社1998年版，第315页。

重组与定位等方面进行了全面、多角度的论述，认为“政府具有二重属性，即作为公共管理机关的属性和作为组织统治工具的属性”，“政府职能是指政府行为的方向和基本任务”。[①]

关于地方政府职能研究的文献，本书参照的主要有两类：一类是关于国外地方政府职能研究的文献。出于研究的需要，本书主要参考了北京大学万鹏飞教授主持翻译的《地方政府与地方治理译丛》[②]。万鹏飞在《地方政府与地方治理译丛》总序中指出，“在欧美，地方政府被视为民主政治训练的场所，公民道德和意识培养的基地，切合公民需要的公共服务和产品的提供者，中央政府集权倾向的制衡者之一”。“地方政府需要在政治角色和服务角色之间寻求一种平衡。在一些国家的地方政府改革中，曾经出现过专注后者而忽视前者的倾向，片面强调商业运行思维，强调民营化、强调效率和标准化，地方政府的政治角色和责任被置于一边。现在，越来越多的学者已经意识到，政府不是商业组织，需要代表公共利益、需要承担公共责任。”一类是关于中国地方政府研究的文献。对中国地方政府研究的最主要成果有谢庆奎主持的国家社会科学项目《地方政府管理》，以丛书形式面世，特点是从中国现有的政府层级出发，进行逐个层级的研究。在逐个层级研究的基础上进行理论总结，最终确立了一套地方政府的理论体系。[③] 如，谢庆奎在《中国地方政府体制概论》中指出，“不同层次的地方政府，其职能转变的重点和职能配置的要求也有所不同”，“乡镇发展主要是加强基层政权建设，健全乡镇功能，完善农业社会化服务体系，强化为农服务的能

---

① 金太军等著：《政府职能梳理与重构》，广东人民出版社 2002 年版，第 4 页。

② 这套丛书包括：[美]文森特·奥斯特罗姆、罗伯特·比什、埃莉诺·奥斯特罗姆著：《美国地方政府》，井敏、陈幽泓译，北京大学出版社 2004 年版；[美]罗纳德·J. 奥克森著：《治理地方公共经济》，万鹏飞译，北京大学出版社 2005 年版；[德]赫尔穆特·沃尔曼著：《德国地方政府》，陈伟、段德敏译，北京大学出版社 2005 年版；[加]理查德·廷德尔、苏珊·诺布斯·廷德尔著：《加拿大地方政府》，于秀明、邓暖译，北京大学出版社 2005 年版；[丹]埃里克·阿尔贝克著：《北欧地方政府：战后发展趋势与改革》，常志霄、张志强译，北京大学出版社 2005 年版；[英]斯蒂芬·贝利著：《地方政府经济学：理论与实践》，左吕盛、周雪莲、常志霄译，北京大学出版社 2006 年版等。

③ 参见谢庆奎等《中国地方政府管理丛书》，包括：谢庆奎等著：《中国地方政府体制概论》，中国广播电视出版社 1998 年版；谢庆豪等著：《中国政府体制分析》，中国广播电视出版社 1998 年版：毛寿龙等著：《中国政府功能的经济分析》，中国广播电视出版社 1996 年版；毛寿龙等著：《省政府管理：山西省调查》，中国广播电视出版社 1998 年版；赵辰昕著：《乡政府管理：江南乡调查》，中国广播电视出版社 1998 年版；张全在、贺晨著：《镇政府管理：建昌镇调查》，中国广播电视出版社 1998 年版，等等。

力和手段”。[①] 另外，汪玉凯在《地方政府机构改革：借鉴与探讨》一文中，强调了“县乡两级要按照主要职能是‘社会管理和公共服务’这样的指导思想，以及经济社会发展水平、人口、地域等多种因素，设计多种类型的县乡政府管理运作模式，改变目前这两级政府把主要精力都过多地放到直接干预经济、铺摊、上项目等方面的做法，要为本地区经济社会发展创造良好的外部环境”。“要把县乡两级政府职能转变的重点，放在强化其社会管理和公共服务方面来。”[②]沈荣华、金海龙在《地方政府治理》中指出，“在中国，地方政府在社会经济现代化过程中发挥了显著的作用”。同时，“地方政府在政治发展中具有重要地位。地方政府在当前最主要的任务是维持地方稳定，在稳定的条件下推动地方经济发展。从制度创新的角度出发，地方政府获得发展的手段之一是发展地方民主，用民主的方式消除影响稳定的消极因素。按照中国社会主义民主的基本特征，民主的方式集中表现在人民参与、人民管理、人民监督这三个方面”。[③]

2. 有关乡镇政府的研究现状

由于处于我国地方政府体系的最低层次，加上计划经济体制的影响，乡镇政府一直作为上级政府的被动执行者存在。因此，理论工作者对于乡镇政府的研究明显滞后。目前，从政治学、行政学角度研究乡镇政府的著作主要有：

赵辰昕在《乡政府管理：江南乡调查》中指出，“政府改革的关键在于转变职能”，“从外部说，要理顺党政关系、政企关系、上下关系等；从内部说，要实现好职能转变：由微观到宏观、由直接到间接、由管理为主到服务为主等等。”[④]

张全在、贺晨在《镇政府管理：建昌镇调查》中强调指出，“镇政府在经济、政治和社会三个方面具有非常显著的作用。镇政府在中国现代化过程中承担着前沿阵地的作用”。“镇政府在经济、政治和社会生活等方面的重要作用只是在中国政治和经济体制下进行现代化建设的必然产物，随着现代化程度的加深，

---

① 谢庆奎著：《中国地方政府体制概论》，中国广播电视出版社 1998 年版，第 302 页。

② 江玉凯：《地方政府机构改革：借鉴与探讨》，载张志坚、唐铁汉主编：《中国：地方政府机构改革研究》，国家行政学院出版社 1999 年版，第 186 页。

③ 沈荣华、金海龙著：《地方政府治理》，社会科学文献出版社 2006 年版，第 22、28 页。

④ 赵辰昕著：《乡政府管理：江南乡调查》，中国广播电视出版社 1998 年版，第 192—193 页。

这种作用逐步减弱。”[①]

高新军在《实现从权力政府向责任政府的转变：我国乡镇级地方政府治理的比较研究》中指出，要真正建立起负责任、讲信用的责任政府，必须做好以下几个方面的工作：“首先，必须逐步在地方一级，尤其是乡镇一级实行人民对政府官员的直接选举；其次，必须创造更多的渠道提高民众对地方公共事务的参与程度；再次，努力培养民众的自组织能力；第四，逐步实现县以下的地方自治管理，第五，必须形成要求地方政府行政公开化、透明化的氛围。”[②]另外，还有许多学者根据自己实际调查的资料，从不同角度对乡镇政府进行了探讨。[③]

从社会学角度探讨乡村治理，华中师范大学中国农村问题研究中心出版的《乡村治理书系》[④]中，徐勇明确提出“随着市场化、现代化和民主化发展和乡村社会转型，乡村治理应该进行结构性转换，实行‘县政、乡派、村治’。”[⑤]“变乡级政府为派出机构的主要内容为：从体制上将乡由一级基层政权精简为一级基层行政组织、精简职能和取消乡一级财政。”[⑥]“乡级体制改革的基本原则是在工农分业基础上进行乡镇分治，基本思路是：精乡扩镇，乡派镇治，从国家体制上进行结构性改革。”[⑦]另外，江西行政学院地方政府与公共政策研究中心出版的《地方治理与公共政策研究丛书》[⑧]，也从乡村社会的实际状况出发讨论中国乡村社会治理与政治转型，但主要集中在村治的范围。

---

① 张全在、贺晨著：《镇政府管理：建昌镇调查》，中国广播电视出版社 1998 年版，第 76—77 页。

② 高新军著：《实现从权力政府向责任政府的转变：我国乡镇级地方政府治理的比较研究》，西北大学出版社 2005 年版，第 1—12 页。

③ 此类著作包括：金太军等著：《乡镇机构改革挑战与对策》，广东人民出版社 2005 年版；王中汝著：《政治发展视野中的乡镇政权改革研究》，吉林人民出版社 2003 年版；方湖珊、郑布英著：《乡镇政府机构改革研究》，江西科学技术出版社 2005 年版；李斌著：《乡镇公共物品制度外供给分析》，中国社会科学出版社 2004 年版；方宁著：《中部地区乡镇财政研究》，清华大学出版社 2004 年版；等等。

④ 包括：徐勇著：《乡村治理与中国政治》，中国社会科学出版社 2003 年版；贺雪峰著：《乡村治理的社会基础——转型期乡村社会性质研究》，中国社会科学出版社 2003 年版；等等。

⑤ 徐勇：《县政、乡派、村治：乡村治理的结构性转换》，载徐勇著：《乡村治理与中国政治》，中国社会科学出版社 2003 年版，第 143 页。

⑥ 徐勇：《变乡级政府为派出机构》，载徐勇著：《乡村治理与中国政治》，中国社会科学出版社 2003 年版，第 148—149 页。

⑦ 徐勇：《精乡扩镇、乡派镇治：乡级治理体制的结构性改革》，载徐勇著：《乡村治理与中国政治》，中国社会科学出版社 2003 年版，第 164 页。

⑧ 包括：肖唐镖著：《转型中的中国乡村建设》，西北大学出版社 2003 年版；肖唐镖、李吕金等著：《中国乡村报告——政府行为与乡村建设研究》，学林出版社 2005 年版。

张静在《基层政权：乡村制度诸问题》中指出，“基层政权的所为远远超出了它的名分之外，它并非代表国家、依据国家的规则管理乡村生产资源，是一个具有官方身份（兼服务于国家的部分目标）、同时又具有自己政治经济利益的组织。这些利益同国家及村民目标相互区别甚至是竞争性的，久而久之，在利益结构方面，形成一个离间于国家和社会的特别集团群体。”“需要对‘国家政权建设’进行超出机构建设的观察，更要防止‘征税数量’的统计陷阱——假定一切的汲取税收活动，都反映了‘国家政权建设’的活动。”[①]荣敬本等在《从压力型体制向民主合作型体制的转变：县乡两级政治体制改革》中提出了“压力型体制”，“压力型体制”指的是一级政治组织（县、乡）为了实现经济赶超，完成上级下达的各项指标而采取的数量化任务分解的管理方式和物质化的评价体系。[②]

第三节　本书的研究方法与写作框架

一、研究方法

① 辩证唯物主义和历史唯物主义的方法。中国目前处于社会转型期，是各种矛盾运动发展，在改革实践中摸索前进的时期。唯物辩证法和辩证唯物论仍然是我们进行社会科学研究的根本方法。我们能以历史唯物主义为指导，分析生产力、生产关系、上层建筑有关的组成部分和意识形态等方面与乡镇政府职能的互动作用，才能得出比较科学的结论。

② 系统科学的方法。社会科学是社会系统的科学。因此，它应该使用一般系统科学的方法。系统与环境关系的理论可以用于指导转变乡镇政府的职能，适应经济社会发展的需要；结构与功能关系的理论可以用于认识乡镇政府职能与乡镇政府机构改革的关系；整体优化的理论可以用于指导处理乡镇政府各方面职能之间分工协作的关系；系统进化的理论可以用于指导认识乡镇政府机构设置的时效性；大系统理论可以用于指导处理乡镇政府与县（市、区）级政府之

---

① 张静著：《基层政权——乡村制度诸问题》，浙江人民出版社2000年版，第288—294页。

② 荣敬本等著：《从压力型体制向民主合作体制的转变：县乡两级政治体制改革》，中央编译出版社1998年版，第28页。

间、乡镇政府与村民委员会之间、乡镇政府与各种社会组织之间的关系；系统控制的理论可以用于指导及时纠正偏差，保证乡镇政府职能配置与机构设置朝着预定的目标发展。

③ 比较研究的方法。比较研究的方法对于政治科学较其他的社会科学有着更大的意义。发达国家的生产力比发展中国家先进，在企业管理和政府行政管理方面，不少内容和形式作为生产关系或上层建筑的一部分，是与社会化的大生产相适应的，而不具有资本主义私有制的性质，这是我们应该而且可以借鉴发达国家政府行政管理的某些制度和方法的根本原因。在运用比较研究方法、借鉴发达国家某些经验的时候，一要坚持社会主义制度；二要从具体的、现阶段的中国国情出发，有些是可以借鉴的，但不能照搬；有些是有待条件成熟才能借鉴；有些基本上可以学习。发达国家的比较政治学、比较行政学和比较地方政府学研究已有数十年，近年来我国也开始开展这方面的研究，这些研究成果所揭示的规律、范畴、概念、观点和方法，有助于本书在研究中国乡镇政府职能过程中，借鉴发达国家基层政府职能和机构的某些经验。总体说来，政府职能和机构受到本国生产力水平、生产关系、上层建筑，尤其是上层建筑中的国体、政体、国家结构、行政体制等，意识形态、经济环境、自然地理条件、历史传统、民族宗教和国际环境等多重因素的制约。只有联系这些因素，才能更好地进行政府职能配置和机构设置。

④ 统计分析的方法。人类社会和自然界一样，每一事物都有数量构成；事物之间的关系，也都有数量关系。科学研究只能以定量分析为基础，并结合定性分析才能得出实事求是的结论。从人均国民生产总值等指标可以发现在不同的经济发展阶段，一个国家的地方政府具有不同的职能构成；从地方财政支出中各类支出比例和数量的变化可以看到一个国家的地方政府或某个地方政府在不同历史时期的职能变化；从财政收入占一个地方国内生产总值的比重可以估计地方政府在当地作用的大小；从地方公共部门职工占当地就业人口的比重可以帮助分析在当地经济发展和居民消费中市场与政府的关系等。

⑤ 历史研究的方法。历史研究的方法，既是传统的方法，又是在赋予新的观点和手段的条件下，具有新的活力和持久的生命力的方法。了解过去，可以更好地认识现在；了解过去和现在，可以推测未来。任何事物都有它的发展过

程，它的过去、现在和未来，是具有客观的、内在的运动规律的统一体；如果忽视历史，就不能全面地认识事物的现在，把握事物的未来，这是历史研究方法长盛不衰的根本原因。通过研究乡镇政府职能的沿革，不仅可以为今天乡镇政府职能配置借鉴历史的经验，而且能够发现乡镇政府职能发展变化的规律，有助于预测中国乡镇政府发展的趋势。

⑥ 案例分析的方法。在社会科学研究中运用案例分析的方法，体现了在研究方法上坚持理论与实践相结合、一般与个别相结合的原则。本书的主题，既是一个理论课题，又是一个应用问题，完全有必要通过分析适当的案例，来帮助了解中国乡镇政府职能如何转变，探讨乡镇政府职能应该如何转变。本书以农业为主要产业的贵州省 Y 乡为案例，通过翻阅相关文献资料，特别是历年的政府工作报告，访谈乡镇政府工作人员、当地民众等相关人员等，观察乡镇干部的实际工作行为等等，了解乡镇政府职能的实际状况；另外，参考了湖北省一些乡镇政府的实践改革措施，为本书的研究主题——乡镇政府职能转变提供佐证。

二、写作框架

本书包括导论、正文七章和结语共九个部分。其基本内容和框架结构如下：

导论部分主要阐述了本书的研究意义，对研究现状和相关文献进行了评析，简要说明研究方法、各章安排，简单介绍了本书的几个主要概念。

第一章主要考察了乡镇政府职能的现状，重点是研究目前乡镇政府职能的状况如何，以及存在什么问题。这是乡镇政府职能转变的现实基础。

第二章，重点剖析了乡镇政府职能转变的背景，面临的机遇和挑战。它包括建设社会主义新农村、农村税费改革以及村民自治的发展三个方面对乡镇政府职能转变带来的各种机遇和挑战。只有全面了解和认识乡镇政府职能转变所面临的机遇和挑战，我们的乡镇政府职能转变才能目标明确，有的放矢。

第三章全面阐述了用以指导乡镇政府职能转变的先进科学理论——治理理论，乡镇政府职能转变的目标最终是实现乡镇政府的善治。治理理论强化了乡镇政府职能定位必须保持政治职能和服务职能的平衡性，强调了乡镇政府政治职能实现方式的民主性，突出了乡镇政府服务职能实现的竞争性以及强调了乡镇政府职能实现需要整体改进的综合性特征。治理理论从乡镇政府职能内容定位、实现方式和相关保障三个方面指出了乡镇政府职能转变的基本思路。

第四章到第七章是本书的研究重点、理论落脚点和实践价值之所在。在前面的纵向历史考察、现实问题确认和充分理论铺垫的基础上，第四章具体分析了乡镇政府职能定位需要实现乡镇政府政治角色和服务角色的平衡，区分“生产”与“提供”是保持角色平衡的重要思路，进而在综合国外基层政府职能定位经验和我国农村社会的公共需求的基础上，概括出了我国乡镇政府在政治角色和服务角色方面的具体内容。

第五章重点强调了我国乡镇政府的政治角色实现主要体现在维护农民民主权利上，不仅包括政治权利，还包括行政权利。主要表现在农村社会民间组织的培育和发展、村民自治的完善发展、乡镇领导干部选拔任用方式的改革、乡镇政务公开的完善以及乡镇人民代表大会制度的建设等方面。

第六章重点强调了我国乡镇政府的服务角色主要表现在为农村农民提供最优农村公共产品上，从关系农民生存权利的最基本公共产品到具有完全外溢性的公共产品，在公共产品供应过程中，特别是生产过程，一定要引入竞争机制，以保证农村公共产品的高效最优供给。

第七章重点强调了乡镇政府职能实现顺利转变需要的保障因素的建设，主要从尽量缩小县对乡镇的行政性支配力量、尽力加强乡镇政府自身的整体改进、积极拓展村对乡镇的民主性调试力量等三方面讨论相关保障因素的建设。

结语部分是对全书的一个简要概括，提出了本书的主要结论、创新点和继续研究的方向。

第四节　几个主要概念的界定

本研究主要涉及这样几个基本概念：政府、政府职能、乡镇政府、乡镇政府职能转变。

一、政府

政府是一个具有丰富内涵的概念。由于使用场合不同，其含义也颇有差异。在西方学者眼中，对政府概念的界定多如牛毛，概括起来，大致可以分为以下几种：① 指制定规则、为居民提供服务的机构，这是最广义的政府。② 治理国家或社区的政治机构，这是次最广义的政府。③ 泛指一切国家政权机关。国家立法机关、行政机关、司法机关和其他一切国家政权机关，都统称为政府，这是广义的政府。④ 指一个国家的中央和地方行政机关。如《中华人民共和国宪法》（以下简称《宪法》）中“人民政府”就是指各级行政机关。这是狭义的政府。⑤ 指中央行政机关的核心部分，即内阁及各部，这是最狭义的政府。例如通常所说的“政府危机”“政府改组”即是。[①] 在我国，通常人们只从广义和狭义上去理解和使用政府概念。广义上的政府是指一个国家内行使国家权力的全部组织体系，如英国《大英百科全书》中的定义为：“由政治单元在其管辖的范围内制定规则和进行资源分配的机构，主要包括国家立法机关、行政机关和司法机关。政府的功能：(1) 立法；(2) 司法；(3) 执行、行政管理。”[②]狭义上的政府专指一个国家政权体系中依法享有行政权力的组织体系。《现代美国百科全书》是这样界定的：“政府一词适应于管理团体和国家的机构及其活动。通常它指的是诸如英国或日本这些民族国家或其分支如省、市地方政府的组织机构及法定程序。就这一方面而言，政府对已经确认为某一民族国家中成员的事务进行管理。由此可见，政府就是一个国家或社会的代理机构。”[③]《辞海》对“政府”的解释为：“政府，即国家行政，国家机构的组成部分。各国政府的组织形式和名称有所不同，但都与其政权性质相适应，是阶级专政的重要工具之一。按管辖范围分，有中央政府和地方政府。”

本书在政府概念的使用上并不作严格的限定，而是把政府视为国家的代理，是行使公共权力的机构。即在政府概念使用时，并不对政府作严格的广义或狭义区分，而是既从广义上论述国家和政府面临的种种问题和挑战，又从狭义上探讨政府机构存在的具体问题和政府内部关系和权限的调整。之所以这样，主要是根据马克思主义国家学说中关于公共权力的观念。我们知道，按照马克思主义国家学说，国家是社会发展到一定历史阶段的产物，国家从本质上

① 辛向阳著：《新政府论》，中国工人出版社 1994 年版，第 6 页。

② 转引自辛向阳著：《新政府论》，中国工人出版社 1994 年版，第 3 页。

③ 转引自徐争游等编：《中央政府的职能和组织机构》（上册），华夏出版社 1994 年版，第 203 页。

是阶级统治的工具，国家从外在的形式上与国家产生以前氏族社会组织的不同主要有两点：一是国家是按地域而不是血缘关系来划分它的国民；二是公共权力的设立。虽然这种公共权力从本质上说是统治阶级的权力，是某一个或几个阶级的权力，但这种权力之所以称为“公共权力”，是因为这种权力在表象上是代表全体国民的，是代表全体国民利益的，这种权力对全体国民是具有普遍约束力的。因此，虽然从严格的学术意义上，国家和政府是两个不同的概念，我们在论述现代政府在经济社会发展中的作用时，仍可以把这两个概念交叉使用。我们可以看到，现代经济学在论述与市场相对应的政府作用时，一般都是将二者不加区分地使用的。[①]

由于政府是国家的代表，是国家进行阶级统治和社会管理的机关，是国家表示意志、发布命令和处理事务的机关，因而国家的性质决定了政府的性质，国家的属性决定了政府的属性。而国家自产生之日起，就是阶级性和社会性相统一的实体。政府作为陈述、表示和实施国家意志的代理机关，也就必然同时具有阶级性和社会性的双重属性。一方面它从原始共同体公共管理机关那里继承了社会公共管理的任务，因而同公共权力有机地联系在一起，执行着社会“公共事务”；另一方面它又表现为一个专门的管理体系，一个实现经济上占统治地位的阶级的根本利益的机关。这就是政府的二重属性，即作为公共管理机关的属性和作为组织统治工具的属性。[②] 正是政府的双重属性为政府的职能界定提供了基本依据。

二、政府职能

政府职能主要是一个学理概念而不是一个法律概念。我国的《宪法》、《中华人民共和国地方各级人民代表大会和地方各级人民政府组织法》（以下简称《地方组织法》）并没有使用政府职能这一术语，而且宪法学、行政法学一般也不

---

① 采用这种方法，主要是依据和参考了世界银行的做法。世界银行在其《1997 年世界发展报告——变革世界中的政府》一书中，在对国家和政府概念分别进行了界定后指出：“在记住这些差异以后，我们经常在日常使用国家和政府这两个概念，而有时候交叉地使用——在当前世界的讨论及著作中也往往这么使用。”参见《变革世界中的政府》，中国财政经济出版社，1997 年 8 月第 1 版，第 20 页。

② 金太军等著：《政府职能梳理项重构》，广东人民出版社 2002 年版，第 2 页。

特别地使用、阐述政府职能这一概念。在学理上,人们是从职责、功能、作用及职权等方面规定政府职能的。正是因为这样,迄今为止,政府职能仍然是政府管理理论与实践关注的一个热点问题。政府到底应该具备哪些基本职能?关于这个问题,理论界众说纷纭,莫衷一是。尽管学界对政府职能的表述多种多样,但内涵基本相同,大致可归纳为三种观点:一是认为它是能力和作用的结合;二是认为它体现的是职责和功能;三是认为它表现为职责和作用。[①] 从目前的有关文献来看,采用后两种的观点较多。后两种观点的区别在于"功能"和"作用"的用词不同。实际上,"功能"和"作用"的含义基本相同,中文将"功能"解释为事物或方法所发挥的作用,而英文的"功能"(function)本身就有"作用"的内涵。[②]

因此,可以把政府职能界定为政府在国家和社会生活中所承担的职责和功能。具体说,政府职能就是指政府作为国家管理的执行机关,依法对整个社会经济生活进行管理时所应承担的职责和所具有的功能作用。它反映着政府管理活动的内容与基本方向,是政府行为本质的具体表现。它包括以下几个方面的含义:第一,政府职能的实施者是整个政府系统,包括政府的各级各类行政机构及其所属公务人。第二,政府职能的内容涉及政府系统对国家政治和社会事务进行管理的全部事务,它们构成政府管理的工作范围。第三,政府职能强调政府管理职责和功能作用的辩证统一。政府职能和政府功能不同,它首先遇到的是政府管什么事、管多一点好还是管少一点好、管到什么程度等问题,然后才谈得上管理的作用。而政府功能只强调后一方面的内容。政府职能与政府职责也不同,它比后者增加了功能、作用的内容。政府职能从不同的角度进行分类可以分为不同的种类,如从职能作用的领域的角度看,可以分为政治职能、经济职能、教育科学文化职能和其他社会职能;从体现国家职能角度看,可以分为阶级统治职能和一般社会公共管理职能;等等。

三、乡镇政府

乡镇,是乡村和集镇的统称,是行政区域的基层组织,它设有国家基层政权

① 郭宝平、余兴安主编:《政府研究概览》,山西人民出版社 1992 年版,第 65 页。

② 金太军等著:《政府职能梳理与重构》,广东人民出版社 2002 年版,第 4 页。

及其乡镇机构。国家按一定的条件在乡村(包括集市)设置的行政机构,称为乡人民政府,习惯称乡政府;按一定的条件在集镇设置的行政机构,称为镇人民政府,习惯称镇政府;二者统称为乡镇政府。历史上的乡制创建于周代,当时以12 500多家为一乡,但当时的乡建制还不是基层行政建制。此后许多朝代都建有乡制。与乡平行的镇为县以下城镇地区的行政建制,出现于宋代,比乡制晚了2 000多年。中华人民共和国成立初期,建立了区乡二级制的乡镇组织制度,1954年《宪法》第53条第3款规定:“县、自治县分为乡、民族乡、镇。”1958年建立政社合一的人民公社制度,乡政权一度由人民公社行使,乡制撤销。1982年《宪法》规定恢复乡建制,全国恢复和建立了乡、民族乡、镇政府。

《宪法》(1982年)第95条规定:“省、直辖市、县、市、市辖区、乡、民族乡、镇设立人民代表大会和人民政府。”第105条规定:“地方各级人民政府是地方各级权力机关的执行机关,是地方各级行政机关。”《地方组织法》第55条规定:“地方各级人民政府对本级人民代表大会和上一级国家行政机关负责并报告工作。地方各级人民政府都是国务院统一领导下的国家行政机关,都服从国务院。”这些规定表明,乡镇政府是乡镇人民代表大会的执行机关,是最全国基层的行政机关;同时,由于我国是中国共产党领导下的单一制国家,乡镇政府必须服从上级政府和国务院。因此,乡镇政府必须根据党的路线、方针、政策和国家法律、法规,领导农村的政治、经济、文化和其他有益农村建设的各项社会活动。

我国地域广阔,受到自然条件、历史沿革、文化传统等因素的影响,全国各地乡镇实际情况差异很大。我们可以按照经济社会发展水平把我国乡镇分为以下三类:一是发达乡镇,工商业比较发达,工商业在乡镇经济中占主导地位,农业处于辅助产业的地位,以东部沿海发达地区的乡镇为主。这些乡镇中有很大部分镇的经济实力和社会事业已经大大超过了西部地区的县,有的甚至超过了西部地区的地级市。二是发展中的乡镇,这些乡镇的第二、第三产业有一定基础,但农业仍在GDP中占有重要比重,一般财政状况较好,农民负担相对较轻,经济发展的潜力比较大。三是欠发达乡镇,这类乡镇一般地理位置相对比较偏远,可利用的资源也比较贫乏,经济贫困,农民生活水平较为落后,经济以农业为主,第二、三产业几乎没有。本书主要研究第二类乡镇,即发展中的乡镇。另外,虽然本书所研究的乡镇政府主要是指乡镇行政机关,但就我国农村基层政权运转现实来看，乡镇党委在处理农村社会生活各项事务的过程中发挥了重要的作用。本书在研究乡镇政府职能时，在考虑定位职能内容和职能实现方式时，没有将镇党委和乡镇政府分开，但是，在讨论实现乡镇政府职能的相关条件保障时，主要考虑了行政系统内部的组织、人员、财力等三个因素。

四、乡镇政府职能转变

乡镇政府职能转变指的是乡镇政府根据在某一特定时期内所面临的行政生态环境的变化，按照有关主体的意愿和要求，通过采取各种手段、创造各种条件使乡镇政府的职责和功能做出相应调适和发展的过程和目标的总和。具体来说，它包括以下几层含义。

第一，它隐含两个假设：一是乡镇政府的继续存在是乡镇政府职能转变的根本前提，如果事实上已经不存在乡镇政府或者理论分析否定这一预设，那么其职能转变也就无需探讨；二是乡镇政府职能转变是可以达到的并且在成功转变之后的运行状态比原先更加理想。

第二，乡镇政府所处的行政生态环境的变化是乡镇政府职能转变的客观要求。乡镇政府职能转变是乡镇政府对其所处的行政生态环境的一种回应，这种回应既可能是主动的，也可能是被动的。

第三，乡镇政府职能转变包括乡镇政府政治职能和管理职能的平衡。乡镇政府政治职能转变主要是指乡镇政府应该促进乡镇民主政治建设，主要表现为容纳、鼓励、支持、平衡公民民主参与、民主决策、民主监督等民主权利与义务。[①] 乡镇政府管理职能主要指乡镇政府的社会管理职能，社会管理职能的转变主要指乡镇政府管理权限的改变，要将属于地方的权力下放给地方，将经营权还给经营主体，将属于社会组织的权力分给社会，将事业单位的行政权力收回政府、管理权力放给单位。

第四，乡镇政府职能的转变，更重要是指政府管理方式的转换。要变计划管理为市场管理，变单一管理为综合管理，变直接管理为间接管理，变指挥命令为调节服务，变管理为治理。这种管理方式和途径的改变，对于乡镇政府职能

① 施雪华著：《政府权能理论》，浙江人民出版社 1998 年版，第 315 页。

的转变是至关重要的。[1]

第五，乡镇政府职能转变，实际上也是乡镇政府能力的转换和提升。乡镇政府职能转变的实现离不开乡镇政府对上级有关方针、政策贯彻执行程度的提高，即有效性的提高；也离不开乡镇政府所辖地域内广大群众对政府的支持和拥护程度的增强，即政府权威性的增强。而乡镇政府权威性、合法性程度如何则是衡量政府能力强弱高低的主要标准，因此，乡镇政府职能转变的实现也就意味着乡镇政府能力的提升。

① 谢庆奎等著：《中国政府体制分析》，中国广播电视出版社 1998 年版，第 152—157 页。

第一章　现状分析：乡镇政府职能及其存在问题

第一节　乡镇政府的法律地位及基本职能

乡镇政府是我国政权组织中最基层的一级政府，在中国农村经济建设和社会发展的过程中发挥着重要的作用。乡镇政权的建设和运行能否适应农村经济和社会发展，直接关系到政治稳定、社会安全、经济繁荣。在新的历史时期，为了更好地发挥乡镇政府的功能和作用，更加深刻认识和分析乡镇政府职能，我们需要了解乡镇政府的历史演变过程，乡镇政府的法律地位以及相关法律法规对乡镇政府一级政府职能的规定等。

一、乡级体制的历史沿革

乡镇建制的历史可以追溯到我国古代的战国时期，那时在县以下就设有乡、里，设有乡正、伍侯等管制。但是，乡级体制作为大一统中央集权体制的一部分，始于秦王朝统一中国，分为两个阶段。第一阶段，秦汉到隋前期的乡亭制。秦王朝统一中国后，为了确保中央集权，方便行政管理，实行以郡县制为特点的中央集权体制。在这一体制下，县为国家的基层政权单位。在县以下，实行乡、亭、里制。乡与县不同，不是一级政权机构，而是县延伸到乡的行政组织。乡以下的亭、里、什、伍是行政末梢。乡级行政组织的功能主要是征税、司法、教化、治安。在这一阶段，乡级治理属于实体性行政、功能性自治的体制。第二阶段是隋至清中期的保甲制。隋朝时，尽罢乡官。隋唐期间，虽然保留乡里制度，但乡已不再是正式的行政单位，只具有一定的行政功能。到宋代，定型为保甲制，县为基层政权机构，"王权止于县政"，县以下通过半官半民体制来进行治理。宋以后乡里制度的一个重大变化就是乡官制向职役制的转变，即乡不再是行政单位,乡官也不再是领取俸禄的正式官员,只是政府驱使的差役,权小责大。乡村主要通过具有行政功能的保甲体制的地方家族势力进行治理。在这一阶段,乡村治理为功能性行政和实体性自治体制。

总体来看,在古代中国,县以下从未建立一级与郡县相对应的正式政权体制,乡只是一级具有行政功能的组织。国家的治理实行的是城乡分治,上下分治。即在县以上,实行中央集权的垂直统治,县以下主要依靠权威性资源的分配进行间接性统治,县以下实行乡村自治,但这种自治是在总体上集权统治网络之中的有限自治。

到了 20 世纪上半叶,国家治理体制表现出了政权下沉的基本特点,乡开始成为一级正式的政权机构。乡作为一级正式的政权组织是以自治的名义出现的。1908 年,清廷颁布《城镇乡地方自治章程》,自治范围为学务、卫生、道路、农工商务、慈善事业、公共营业,同时以自治经费为主;地方自治执行机关很简单,只有乡董、乡佐各 1 名。乡镇地方自治体制后虽有变化,但其基本原则为民国政府所继承。1934 年,国民党通过《改进地方自治原则》,明确规定县地方制度采用两级制,即县和乡(镇、村)一级。1939 年颁布《县各级组织纲要》,规定实行“新县制”。1941 年又颁布《乡镇组织条例》。在这一系列制度安排下,乡正式成为国家的基本政权。乡镇公所“受县政府之监督指导,办理本乡镇自治事宜,及执行县政府委办事项”。但是,由于地方自治没有体现民主自治精神,加之战乱不断,制度无法实施,民国政府推行的地方自治基本上只限于制度形式层面,乡村治理主要实行的是名义自治,实质军政控制的体制。

二、中华人民共和国成立后乡镇政府的建立及改革

中华人民共和国成立以后,就开始了乡镇政权建设工作。我国乡镇政府建设是在议政合一的人民代表大会制度框架内进行的。1950 年 12 月政务院通过的《乡(行政村)人民政府组织通则》规定,乡人民行使政权的机关为乡人民代表大会(或乡人民代表会议)和乡人民政府。在乡人民代表大会闭会期间,乡人民政府为乡人民行使政权的机关。乡人民政府为乡一级的地方政权机关,受区人民政府领导;在不设区人民政府的地区,受县人民政府领导及区公所的监督指导。乡人民政府由乡人民代表大会选举乡长、副乡长及委员但需经区报县人民

政府批准任命。1954 年 9 月颁布的《宪法》，取消了过去区村制和区乡制两种体制并存的现象，规定我国农村基层政权为乡、民族乡和镇。

1958 年 9 月，中共中央政治局扩大会议通过了《关于在农村建立人民公社的决议》，推行人民公社化运动。人民公社行使乡镇政府职权，农业生产合作社改称生产大队，实行政社合一、三级所有、队为基础的体制。人民公社实行"三级所有、队为基础"，实际上是将国家的政权组织进一步下沉至生产大队（行政村）和生产队（自然村），将所有农民纳入自上而下的支配体系之中。当时的乡镇机构名义上有三个，即公社党委、公社（管理委员会或革命委员会）和社员代表大会。其中社员代表大会形同虚设，真正的"乡政"机构只有两个。在"文化大革命"期间，公社成立革命委员会，实行党政合一，其"乡政"机构实际上只有一个。公社的下属单位一般只设有农技、畜牧兽医、农机和文化、广播等少数几个站（所），其人员配备也非常少，而且当时大多数站（所）或是县级部门的派出机构，或是由县级部门管理（如中小学校、卫生院等）。公社对其极少干预，事实上也无力干预。因此，在人民公社组织结构中，其重心在生产大队、生产队一级，公社自身的农村基层政权功能十分有限。

党的十一届三中全会实行改革开放政策以来，针对乡镇政府存在的种种问题，我国的乡镇政府也进行了一系列的改革。根据乡镇政府改革的主要内容，大体上可分为四个阶段：

第一阶段是从 1978 年至 1985 年，政社分设，乡政村治体制建立；1982 年颁布的《宪法》对我国农村基层政权体制进行了规定，在乡、民族乡、镇设立人民代表大会和人民政府。乡、民族乡、镇的人民政府执行本级人民代表大会的决议和上级国家机关的决定和命令，管理本行政区域内的行政工作。1983 年 10 月，中共中央、国务院发出了《关于实行政社分开建立乡政府的通知》，要求把政社分开，建立乡政府，同时按乡建立乡党委，并根据生产的需要和群众的意愿逐步建立经济组织。乡人民政府建立后的主要职责是，领导本乡的经济、文化和各项社会建设，做好公安、民政、司法、文教卫生、计划生育等工作。在建乡的过程中，要重视集镇的建设，对具有一定条件的集镇，可以成立镇政府。到 1985 年底，全国农村废除人民公社、建立乡镇政府的工作基本结束，乡镇的规模一般以原有公社的管辖范围为基础。在乡以下建立村民委员会，实行村民群众自治。

这一通知的特点主要有三个方面:一是政社分开,即农民为生产经营主体,乡级政权不直接从事生产管理,而是领导本乡的经济、文化和各项社会建设。乡镇党委处于领导核心,实行党领导政权的体制。二是乡以下实行村民自治,乡和村不再是垂直的领导关系。三是首次要求建立乡一级财政和相应的预决算制度。

第二阶段是从1986年至1991年,简政放权和完善乡镇政府功能;通过政社分开,初步建立了乡级政权,但是与此相关的一系列配套改革措施没有跟上去,农村基层政权仍然不能完全适应农村经济社会发展。因此,中共中央、国务院于1986年发出了《关于加强农村基层政权建设工作的通知》,把"明确党政分工、理顺党政关系"列在建设农村基层政权应采取的七大措施之首,并强调指出,政社分开以后,有些地方仍存在党、政、企之间的关系还没有完全理顺,有些地方党政不分、政企不分的现象仍然存在,少数地方还没有完全起到一级政权的作用。党的十三大又进一步提出了加快政治体制改革的要求,切实解决党政不分等问题。改革开放之后,社会事务的增多、管理任务的加重以及工作量的加大,面对政社分开以来以党代政和乡镇有"头"无"身"、有"将"少"兵"的现实,乡镇要求"下放站所,还权于乡"的呼声一直很高。为此,党中央决定改革条块分割的管理体制。改革的基本原则是简政放权。凡属可以下放的机构和职权,要下放给乡;少数必须由县集中统一领导的机构,仍要集中统一领导。为了搞好简政放权工作,中央抓了一些试点,取得了一些成就和经验。如山东"莱芜经验"(1986)和湖南"双峰经验"(1988),都采取了将县设在乡镇的一些职能机构转交给乡镇进行管理的改革措施。山东省莱芜市将农机站、经管站等16个单位的人、财、物三权下放给乡镇管理。公安派出所由市和县下放给乡镇管理。① "莱芜经验"很快得到了中央的充分肯定,得以向全国推广。通过简政放权,乡镇政府的职能得到了健全和完善,乡级政权成为一级功能较完备的政府。

第三阶段是从1992年至1996年,县乡综合改革试点和建立健全农业社会化服务体系。1986年至1991年简政放权的改革,取得一定的成果,在一定程度上促进了农村社会的稳定和发展,但是在这个过程中,也出现了乡镇机构设置

① 徐勇主编:《中国农村研究》2002年卷,中国社会科学出版社2003年版,第91页。

过快过滥、人员增长过多、职责不清和关系不顺的新问题。因此,中共中央、国务院在 1992 年对全国县乡机构改革进行了总体规划。依据乡镇社会发展总产值、人口和面积三个因素,中央将当时全国所有乡镇分为大、中、小三种类型,并制定了相应的分类标准。大型乡镇编制在 45 人以内,中型乡镇编制在 30 人以内,小型乡镇编制在 15 人以内。乡镇党委、政府的工作机构确定为:一类乡镇可设置党政、财经、社会事务、乡村建设等 4～5 个综合性机构;二类乡镇可设置党政办公室、财经办公室综合性机构和民政、文教卫生、乡村建设、计划生育等助理员;三类乡党委可设组织、宣传、纪检等委员,政府设民政、财政、生产、科教文卫、计划生育、乡村建设等助理员,不设职能机构。中共中央在 1993 年机构改革时,也提出了要把适应社会主义市场经济发展的要求作为目标,紧紧抓住职能这个关键,理顺关系,精兵简政,提高效率。根据此精神,县乡两级开展了以转变职能、分流人员为主要内容的建立经济实体或服务实体的活动。如福建省福州市鼓楼区洪山镇政府提出了坚持“服务基层、服务群众、服务生产”的“三服”方针[①];山东省邹城市北宿镇政府建立健全了农业机械、农副产品流通、畜牧饲养、村办企业、林果生产等八大服务中心,实行专业化服务,建立各种生产基地[②]。

第四阶段是从 1997 年至今,农村税费改革和乡镇管理体制创新。1992 年的乡镇改革在初期取得了一定的效果,但是后因种种原因,很多地方又回归到 1992 年改革前的老路上去了。许多乡镇机构膨胀、人员超编现象严重,同时,由于法律法规不健全、监督机制缺乏一级传统管理方式的影响,乡镇干部出现了违法行政、作风粗暴、劳民伤财等不良行为,致使党干群关系在一些地方一度恶化,引起广大群众的强烈不满。1998 年 10 月中共十五届三中全会讨论通过的《中共中央关于农业和农村工作若干重大问题的决定》中规定,乡镇政府要转变职能,精简机构,裁减冗员,要坚决把不在编的人员精简下来,做到依法行政,规范管理。为了增大对乡镇政府实际运作的监督,调动基层群众参政议政的积极性,有效防止、遏止腐败的滋生,密切干群关系,政务公开作为一项有力措施在

① 转引自白钢等著:《选举与治理:中国村民自治研究》,中国社会学院出版社 2001 年版,第 246 页。

② 转引自白钢等著:《选举与治理:中国村民自治研究》,中国社会学院出版社 2001 年版,第 247 页。

全国得到迅速推广。同时,为了减轻农民负担,全国开始了农村税费改革工作。随着农村税费改革的不断深化,作为主要依靠农业税和农业特产税的乡镇一级政府,在税源不断减少的情况下,生存压力加大。因此,调整行政区划,撤乡并镇作为主要的改革对策在全国得到广泛推广。

三、乡镇政府的法律地位及其特点

我国《宪法》和《地方组织法》规定,乡镇政府是我国的基层国家行政机关和乡镇人大的执行机关,执行乡镇人大的决议和上级国家行政机关的决定和命令,管理本行政区域内的行政工作。根据《中华人民共和国村民委员会组织法》(以下简称《村民委员会组织法》),村民委员会是村民自我管理、自我教育、自我服务的基层群众性自治组织。乡镇政府对村民委员会的工作给予指导、支持和帮助,但是不得干预依法属于村民自治范围内的事项。乡镇政府与村民委员会之间不是行政隶属或领导与被领导的关系,而是指导与被指导的关系。因此,乡镇政府是我国基层社会的行政"末梢",它直接面向我国社会基层,是国家和政府联系广大人民群众的重要桥梁和纽带,起着承上启下的作用,在中国行政体系中占据着极其重要的地位。具体来说,乡镇政府具有以下特点:

第一,从组织地位来看,乡镇政府处于国家正式权力组织序列的末梢,上接国家而下联农民,这种特殊的居间地位使它在实际的权力运作中受到国家和乡村民间社会双重力量的交互作用。

第二,从治理特点来看,乡镇政府直接面对乡民而治,这种面对面的治理形式决定了它必须摆脱科层制一贯的"官僚"作风和冷峻的政权面孔,保持较高的亲民性。换言之,像乡镇政府这样的基层组织的权威必须建构在国家和乡村社会双重的合法性认同的基础上。如果它只得到国家的合法性,得不到乡村基层社会认同的话,它很难在乡村社会真正立足,并达到国家对乡村社会治理的目的;它只有融入乡村社会中,才会真正实现国家在乡村社会的善治。

第三,从人员构成来看,尽管乡镇政府是一种国家机构,但是它的组成人员却主要来自乡村社会。在实行公务员制度之前,乡村干部基本上是由乡村社会供给的,许多乡镇干部在上岗之前本身就是农民,直到转为国家正式干部之前他们还保留着农民身份;实行公务员制度以后,这种状况渐次有了变化,但是进入乡镇公务员队伍的毕业学生、退伍安置的军人多数也是出身农村，他们的父母、朋友大多都是农民，无论是在天然的情感上还是在实际的日常交往中，他们都与农民结成了纷繁复杂的亲密关系，这就决定了他们在实际执行国家的政策和法令时，往往会考虑农民的切身利益（当然也不排除自身利益的考量）。即使在高度国家化的人民公社体制中，国家也不得不依赖经常性政治活动来排除乡村干部队伍中履职不力的人员，以便于国家政策在乡村社会的贯彻和推行。

第四，从经济基础来看，乡镇政府也不同于其上的任何一级政府组织。农村改革以后恢复重建的乡镇政府，在相当程度上仍然继承了人民公社体制“政社合一”的“遗产”，这些“遗产”显然包括公社的各种集体经济形式，其中有相当部分直接演变为后来的“乡镇企业”，它们组成了乡镇政府的主要经济基础。从经济上看，这些集体当然与国家单位不同。它们在理论上属于集体所有，而非国家所有。从政治方面看，这些集体被认为既非官僚国家的组织部分，亦非民间的组成部分，而是介于两者之间的事物。与这种经济基础相适应的还有我国特殊的财税体制，这种财税体制的本质是由乡镇社区（农民）直接供养乡镇政府人员。这些特性都决定了乡镇政府不应当简单地套用上级政府的模式来建构，也不可能依靠自上而下的机构改革来解决当前的乡镇问题，当前的乡镇问题在相当程度上正是忽视了乡镇政府这些特性的后果。

四、乡镇政府职能内容及其特点

根据《地方组织法》规定，乡镇政府行使下列职权：（一）执行本级人民代表大会的决议和上级国家行政机关的决定和命令，发布决定和命令；（二）执行本行政区域内的经济和社会发展计划、预算，管理本行政区域内的经济、教育、科学、文化、卫生、体育事业和生态环境保护财政、民政、社会保障、公安、司法行政、人口和计划生育等行政工作；（三）保护社会主义的全民所有的财产和劳动群众集体所有的财产，保护公民私人所有的合法财产，维护社会秩序，保障公民的人身权利、民主权利和其他权利；（四）保护各种经济组织的合法权益；（五）铸牢中华民族共同体意识，促进各民族广泛交往交流交融，保障少数民族的合法权利和利益，保障少数民族保持或者改革自己的风俗习惯的自由；（六）保障宪法和法律赋予妇女的男女平等、同工同酬和婚姻自由等各项权利；（七）办理上级人民政府交办的其他事项。

对照法律对县级以上人民政府职权的规定,乡镇政府除没有“规定行政措施”,“领导所属各工作部门和下级人民政府的工作”,“改变或者撤销所属各工作部门的不适当的命令、指示和下级人民政府的决定、命令”,“依照法律的规定任免、培训、考核和奖惩国家行政机关工作人员”等职权,在对本行政区域内公共事务管理方面的职权,只比县级以上人民政府缺少两项,即不具有管理本行政区域内的自然资源、城乡建设事业和民族事务等行政工作,以及帮助本行政区域内的民族自治地方依照宪法和法律实行区域自治,帮助各少数民族发展政治、经济和文化的建设事业”的职权。但是,各项专门法律则很少把执法权授予乡镇政府。比如,乡镇政府有管理本行政区域内教育工作的职权,但《中华人民共和国教育法》(以下简称《教育法》)规定:“县级以上地方各级人民政府教育行政部门主管本行政区域内的教育工作。县级以上各级人民政府其他有关部门在各自的职责范围内,负责有关的教育工作。”比如,乡镇政府有权管理本乡镇的卫生工作,而且《中华人民共和国食品卫生法》(以下简称《食品卫生法》)规定:“各级人民政府的食品生产经营管理部门应当加强食品卫生管理工作,并对执行本法情况进行检查”,但该法同时规定:“县级以上人民政府卫生行政部门设立食品卫生监督员”;“县级以上地方人民政府卫生行政部门在管辖范围内行使食品卫生监督职责”。比如,乡镇政府有保障男女平等、同工同酬的职权,但《中华人民共和国劳动法》(以下简称《劳动法》)规定:“县级以上地方人民政府劳动行政部门主管本行政区域内的劳动工作”;“县级以上各级人民政府劳动行政部门依法对用人单位遵守劳动法律、法规的情况进行监督检查,对违反劳动法律、法规的行为有权制止,并责令改正。”再比如,关于农业方面的规定。2012年修订后的《中华人民共和国农业法》(以下简称《农业法》)第九条规定“各级人民政府对农业和农村经济发展工作统一负责,组织各有关部门和全社会做好发展农业和为发展农业服务的各项工作。”“县级以上地方人民政府各农业行政主管部门负责本行政区域内的种植业、畜牧业、渔业等农业和农村经济发展工作,林业行政主管部门负责本行政区域内的林业工作。县级以上地方人民政府其他有关部门在各自的职责范围内,负责本行政区域内有关的为农业生产经营服务的工作。”这就在一定程度上,反映了乡镇政府在农业方面也存在不能做到真正“负责”的问题。

根据《地方组织法》规定的乡镇政府行使的职权内容，乡镇政府的职能可以概括为以下四项，即政治职能、经济职能、文化职能、社会管理职能。乡镇政府的政治职能主要是贯彻落实上级党委政府的方针政策，保障公民的人身权利、民主权利和其他权利等。乡镇的经济职能主要是发挥导向、调控和监督作用，制订本乡镇经济发展规划，引导经济运行方向，对市场进行监督管理和市场培育等。乡镇的文化职能主要是社会主义精神文明建设和主流文化的培育、灌输以及推进文化事业的发展。乡镇的社会管理职能主要是维护社会安全稳定，解决各种矛盾和纠纷，提供教育、基本医疗保健、社会保障、就业指导扶持、科学技术服务等公共管理和公共服务，还包括加大基础设施建设和加强环境保护，实施可持续发展战略等。

但是，结合各项专门法律的规定来看，与县级以上各级政府相比，乡镇政府的职能具有自己的鲜明特征。具体来说主要有：第一，执行性。乡镇政府既是我国乡镇政权权力机关的执行机关，又是我国行政体制的最基层行政机关。它既要执行本级人民代表大会的决定，又要执行上级国家行政机关的决定和命令，还要执行乡镇党委的指示。党的路线、方针、政策和国家的法律、法令以及上级行政机关的命令都要通过乡镇政府来贯彻执行，并具体落实到广大人民群众中去。因此，乡镇政府行使职能具有明显的执行性。第二，综合性。乡镇行政区域是我国最基本的独立行政单元，“麻雀虽小，五脏俱全”。根据《地方组织法》的规定，乡镇政府根据乡镇人大通过的本行政区域内的经济和社会发展计划，管理本行政区域的经济和社会发展，管理本行政区域的经济、教育、科学、文化、卫生、体育事业和财政、民政、公安、司法行政、计划生育等行政工作。因此，乡镇政府的职能内容具有明显的综合性。第三，直接性。乡镇政府作为我国最基层的行政组织，它没有下属行政组织，直接同人民群众发生关系，承担直接治理职责，其管理方式具有明显的直接性。由于乡镇政府直接面向广大农户，管理工作事多、事小、事杂，而且许多工作必须和农民面对面进行宣传、说服、教育。因此，乡镇政府在履行其职能的过程中更要注意自身的形象，工作更要走群众路线。第四，非完整性。乡镇行政体制不像中央、省、市、县那样功能完备，机构齐全，“条块分割”问题在乡镇尤为严重。乡镇政府的权力往往被县级以上各级政府在乡镇的派驻机构所肢解，因此，乡镇政府在履行职能的过程中往往受到极大的限制，表现出了极大的非完整性。

第二节　乡镇政府存在必要性及其改革趋势探讨

一、乡镇政府存在必要性分析

我国农业人口仍然占绝对优势，农民生活水平不高，农村的生产力水平低，市场经济不发达，政治民主建设滞后，社会各种矛盾和纠纷相互交织，而且这种状况可能还将长期存在。乡镇处在我国行政的最低层级，直接面向广大农民群众，担负着引领农村群众进行社会主义现代化建设的重要任务。乡镇政府在改变农村落后面貌、促进乡村经济发展、加强社会管理、维护社会稳定、提供农村公共服务等方面发挥着不可或缺的作用，在农民群众心目中享有较高威信，是农民群众心中国家和政府的代表，是他们利益的维护者，乡镇政府给他们以天然的归属感、安全感和依赖感。乡镇政府在一个时期内还有存在的必要，即农村社会需要国家权力的适当干预。

虽然在某些地方，由于受到种种因素的影响，乡镇政府与农民之间产生了一些矛盾。但是，我们如果以此否认乡镇政府的存在，那将是极不正确的做法，因为假如作为国家权力代表的乡镇政府被撤销后，在目前自组织力量不足的农村社会可能会形成权力真空，农村社会安全和稳定将受到极大挑战。具体来说，乡镇政府存在的必要性分析如下：

第一，从保持稳定的角度来看，乡镇政府作为人民公社的机构延续和替代物，已经有几十年的历史，不可能突然采取大规模的撤销乡镇政府的改革行动。现阶段，我国农民素质不高，法律意识也不强，农村中各种矛盾较多，家庭矛盾、土地矛盾、边界矛盾、经济矛盾等经常发生，这些矛盾如不及时调解，就有可能引发成暴力冲突，影响农村社会稳定。一旦出现矛盾纠纷，都需要乡村干部尤其是代表政府的乡镇干部出面调解。另外，乡镇政府可以及时处理突发事件，维护农民的利益。我国农村范围广、农民居住分散，抵御自然灾害(包括森林火灾、抗洪抢险、防治传染病等)的能力弱，如果没有乡镇干部的组织，虽然事关群众的切身利益，群众也大多不会主动参加。可以说，如果没有乡镇政府，农村弱势群体的权益就难以保护，相对公正的社会秩序就无法维持。因此，在基层民主还不够完善的情况下，乡镇政府的存在对于维护广大农村地区的稳定具有重要的意义，因为乡镇政府是离农民最近的国家权力象征，是国家权力的前沿阵地。

第二，乡镇作为最基层的政府，在几十年的组织农民、管理农民过程中发挥过巨大作用。即使是改革开放以后，乡镇作为最基层直接落实中央决策的执行者以及直接与农民打交道的执政者，其工作之细微、方法之丰富、内容之繁杂，恐怕是目前的县级机构所不能做到的。具体体现在：一是兴办社会公益事业，组织并引导农村基础设施建设。农村社会公益事业和基础设施建设是全面建设小康社会的重要举措，也是建设社会主义新农村的必然选择，但要农民自己出钱办公益事业，如果没有乡镇一级政府的组织和引导，几乎是不可能的。尤其是农村税费改革后，通过一事一议的办法让农民出钱架桥修路、建设农田水利设施更难，即使上级政府通过转移支付全额投资的农业基础设施项目，也离不开乡镇政府的组织。二是切实做好农村社会保障服务工作。随着我国人口老龄化现象的日益突出，农村“未富先老”问题越发严重，再加上农村青壮年劳动力的不断流出，农村居民对养老、医疗等社会保障服务的需求不断增加。为了更好保障农村居民的基本权益，提高农村社会保障服务水平，作为社会保障服务的重要主体，乡镇政府应该履行好基本的社会保障服务职能。三是推广农业科技，推动农村产业结构调整。目前，我国农业基本上仍是传统农业，要提高农业生产效率，就必须要改造传统农业。因此，必须首先打破传统农业的均衡状态，进行农村中的制度创新、技术创新，引进现代生产要素，提高农村劳动力素质，加大对农业的投入，推动农村产业结构升级。然而，由于受到农业生产规模较小和农民居住分散的限制，单个农民不会主动自愿地对先进农业技术进行投资。因此，乡镇政府必须在推广先进农业技术方面发挥重要的宣传、鼓励、示范、引导以及资金补助等作用。①

第三，乡镇政府在一定程度上增加了农民负担，但也是保持农村稳定的一

① 左尔钊，岑江龙：《乡镇政府：财政困境及改革取向》，载《农村经济》2006年第9期，第66—67页。

道防火墙。在过去平息农民不满情绪、解决农村直接社会矛盾和以行政权力推行县级政府的决策中,乡镇政府起着"冲锋陷阵"的作用。这样行动造成了两方面的结果,一方面,乡镇政府的各种行为引起了广大群众的不满和抵触,直接造成了农民负担过重;另一方面,由于乡镇政府实际上是县级政府决策的具体执行者,缓冲了农民与决策制定者——县级政府之间的摩擦压力。

第四,乡镇政府作为我国最基层的地方政府,是民主政治体制的突出体现,有利于增进人们对自由民主政治制度的理解。在涉及乡镇区域的地方事务上,乡镇政府的存在很大程度上使乡镇区域内的居民可以表达自己的要求和愿望,实现地方公民对公共事务的实质性的参与,更好体现公民作为国家主人的意义。

第五,如果现在全部撤销乡镇政府的话,庞大的乡镇政府组成人员的去向问题也是中央政府目前还无力妥善解决的。从乡镇干部的心态来看,很多乡镇干部对乡镇机构改革感到迷茫、苦闷,辛辛苦苦在乡镇工作了一二十年,不能被理解不说,现在还有可能被分流。这些乡镇干部几乎都是土生土长的农村干部,从农村提拔上来,参加工作还在乡镇,退休也只能在乡镇。乡镇政府成为他们工作生活的全部依靠,如果一下全部撤销乡镇政府的话,这些乡镇政府的组成人员何去何从,值得各级政府特别是中央政府慎重思考。

但是,乡镇政府虽然有存在的必要,这并不意味着维持乡镇政府的现状不变,我们必须对乡镇政府进行改革。因此,我们必须首先弄清楚乡镇政府职能的现实状况,找出其中存在的问题,然后在分析产生这些问题的原因的基础上,顺利实现乡镇政府职能转变。这样,使得乡镇政府真正成为"官民合作"组织——既是国家设在乡村最基层的政权组织机构,同时又是乡镇社区治理的主体单位,代表乡镇人民进行自我治理,进而充分发挥乡镇政府在农村社会经济发展过程应有的积极推动作用。

二、目前关于乡镇政府改革趋势的探讨

随着农村经济社会的迅速发展和乡镇政府改革的相对滞后,现行乡镇政府的职能和机构设置与当前农村发展的政治、经济形势不相适应的矛盾表现得较为突出,如机构人员膨胀、条块关系不顺、行政行为不当、无所不包的职能范围

等等问题。这些问题的存在，使乡镇政府存在的合理性受到了人们的质疑。尤其是中央取消农业税政策的出台以及工业反哺农业政策的开始实施，更使乡镇政府面临严峻挑战。近年来，许多关心农村发展的学术界人士、政界人士纷纷对此发表见解，开始了一场关于乡镇政府改革的大讨论。讨论的焦点集中在“乡镇政府改革究竟怎样改”上，实质上是“乡镇一级行政建制到底还要不要”。总体来说，观点主要分为两种：一种认为乡镇政府应该保留，另一种认为乡镇政府应该撤销。在此基础上，学术界和实践界提出了今后乡镇政府改革的三种思路：第一种是取消乡镇政府，将乡镇政府变成县级政府的派出机构，接受县政府的委派，专事县政府委派的任务（下文简称县政乡派）；第二种是废除乡镇一级政权，乡镇与村一样实行民主选举、民主管理、民主决策和民主监督的自治制度（即乡镇自治）；第三种是在精简机构、转变职能、加强和完善乡镇人民代表大会制度的基础上，保留和加强现在的乡镇政府功能，使之成为一级完备的政府实体（下文简称乡政村治）。

（一）县政乡派模式

这种模式以徐勇的观点为代表，他先提出“县政、乡派、村治”的观点。他认为，“自国家政权下沉到县以下以来，与国家政权体系的其他层级政府比较而言，乡镇政府从来就未成为一级完备的政府，不仅不具备完备的政府功能（如无相对独立的决策和司法机构），更没有独立的财政，因而也缺乏相应的施政能力”。① 因此，“随着我国宏观管理体制的变革，乡级政府在事实上已经成为县级政府的派出机构，主要工作是执行县级政府的命令，没有多少独立的决策权，也没有多少需要独立决策的事务。乡级政权已成为事实上的空架子。但由于它仍然是一级政权组织，政权组织所有的机构还得设立，尽管它没有实际意义。所以变乡级机构为派出机构正当其时”。② 改革的方向，是“县政、乡派、村治”，即县成为国家在农村的基层政权，独立承担法律责任，直接对本县政务和人民负责；县以下的乡成为县的派出机构，接受县政府的委派，专事乡政府委派的任务；由于政府任务主要由乡派出机构处理，村民委员会只是协助政府工作，其主

① 徐勇著：《乡村治理与中国政治》，中国社会科学出版社 2003 年版，第 140 页。

② 徐勇著：《乡村治理与中国政治》，中国社会科学出版社 2003 年版，第 148 页。

要任务是村民自治，从而使村民委员会真正成为群众性自治组织。[①] 后来他进一步提出了“强村、精乡、简县”的观点。即增强村的财力和自治能力；精简机构，精简职能，取消乡级财政，改乡级基层政权为乡级政府的派出机构；同时精简县的机构，建立责任政府，条件成熟可将县变为中央领导下的一级地方自治单位。[②] 另外，温铁军、邓大才、胡星斗等学者也都支持“县政乡派”模式。这种关于乡镇政府改革的模式，从短期来看，由于大大压缩乡镇财政的供养人数，有利于减轻农民的经济负担，进而促进了农村的稳定和发展。但是，从长远来看，“县政乡派”模式的权力上收倾向不符合当代社区民主和地方自治的世界潮流。

（二）乡镇自治模式

于建嵘、沈延生等学者主张撤销乡镇一级政府，实行乡镇自治。于建嵘认为，目前乡镇政权存在的问题十分突出，一是供养越来越多的在编和编外干部，使得农民头上的经济负担非常严重，即使如此，乡镇机关仍然严重“贫血”，入不敷出。二是乡镇干部腐败和对农民任意施加非法暴力的现象常见。因此，撤销乡镇政府，实行乡镇自治，是解决我国“三农”问题的唯一出路。再者，我国的乡镇自治从公元前 221 年秦王朝建立后实行“郡县制”开始，已有两千多年的历史，从这个角度来说，我国实行乡镇自治也是有历史继承性的。他指出，“乡镇自治是一种社区自治，它要求以一地方之人，在一地方区域以内，依国家规定和本地方的意志，处理一地方公共事务”，乡镇政府撤销后，代之以自治组织，同时“健全和强化县级政府职能部门如公安、税收、计生、教育等派出机构，充实和加强村级自治组织，大力发展农村经济中介组织，开放农会等农民利益代表组织”，“通过民主选举的方式形成有利于地方发展的公共意志并处理好地方公共事务”。[③] 显然，乡镇自治的观点具有前瞻性，实行乡镇自治，可以减少政府层级，能够从根本上降低国家治理成本和减轻农民负担；也可以赋予农民更多的权利，有助于遏制基层腐败和改善农民的社会地位。而且，现在世界上很多发

① 徐勇：《县政、乡派、村治：乡村治理的结构性改革》，载《江苏社会科学》，2002 年第 2 期，第 27—30 页。

② 徐勇：《乡村治理结构的走向——强村、精乡、简县》，载《战略与管理》，2003 年第 4 期，第 90—97 页。

③ 于建嵘：《乡镇自治：根据和路径》，载《战略与管理》，2002 年第 6 期，第 117—120 页。

达国家的农村，实行的也都是乡镇自治。应该说，乡镇自治是我国乡村治理的发展方向。但是，就目前而言，由于受到一些条件的限制，如村民自治发展不成熟、农民组织化程度低等等，乡镇自治暂时还不能运用到我国的乡村治理的实践过程中，只能作为我们努力的方向。

（三）乡政自治模式

主张“乡政自治”模式以吴理财[①]为代表，吴理财认为在“乡政自治”条件下的乡镇政府即“处在‘第三领域’中的乡镇政府并不是一级完全的政权组织，也不应成为纯粹的国家机器，它的理想角色定位是‘官民合作’组织——既是国家设在乡村最基层政权组织机构，同时又是乡镇社区治理的主体单位，代表乡镇人民进行自我治理。”因此，需要在乡镇政府维持国家政权组织的基本前提下，增强乡镇政府的自主性，彻底改变它依附于县政的状况，使“乡政”真正成为乡镇社区有效治理的主体单位。其具体办法是“实行乡镇长直选，重新配置乡镇政府的权力，建立和扩大乡镇政府与乡村社会新型的多元的民主合作机制，扩大乡村人民民主参与乡镇政治的管道，使之有足够的政治权利参与到乡镇政府的选举、决策、监督、治理等诸多层面和各种事务当中，使国家与乡村民间社会在乡镇社区治理中达成全面、积极和有效的合作”。他还明确指出，“乡政自治”与“乡镇自治”是两个截然不同的概念。前者是在维持国家政权的前提下，增强“乡政”的自主性，改变其以往依附于县政的状况，使之成为乡镇社区有效治理的主体单位；而后者则是取消“乡政”的国家政权属性，将之变为完全的社会自治组织。前者是一种制度内的增量民主改革；后者是一种制度外的改革方式。另外，戴均良、贺雪峰等学者也从不同的角度论述了乡镇一级政府应该保留的观点。当然，这种关于乡镇政府改革的观点对于提高农民的参与程度、增强“乡政”的自主性和民主性，肯定会有重要的促进作用。但是，这样改革的结果仍然没有理顺现有乡镇权力中的“条”“块”关系，同时，对于缓解乡镇政府的财政压力、减轻农民的经济负担也不能提供直接的制度支持。

① 吴理财：《中国乡镇政府往何处去》，载《二十一世纪》，2003 年第 8 期，第 36 页。

第三节　乡镇政府职能现状及其相关分析

一、乡镇政府职能现状考察

在考察乡镇政府职能现状时，我们选取了贵州省Y乡政府为案例，Y乡政府情况在一定程度上反映了目前广大的以农业为主的乡镇政府职能的现实。

Y乡地处贵州省某县东面，距县城18千米。全乡总面积108.2平方千米，辖6个行政村，52个村民组，人口13 122人。全乡耕地面积9 434.39亩，其中田5 321亩，土4172.39亩，人均耕地0.72亩。全乡有省级一类贫困村一个，贫困人口3 600人，占总人口的29%。Y乡政府作为直接服务于农村的一级政府，在向驻地民众提供公共产品和公共服务方面发挥了重要的作用。调查结果表明，Y乡政府的职能大致如下几个方面：

一是促进农牧业发展。Y乡是一个纯农业乡，农业和畜牧业是本乡农民收入的主要来源。人多地少是Y乡的基本乡情，并且农业基础设施脆弱，抵御自然灾害的能力差。在市场经济条件下，为了更好实现人民的温饱并逐步迈入小康，乡政府坚持从调整产业结构、大兴农业科技，努力提高单产和总产入手，依靠科技帮助农民增收致富。同时，Y乡政府也大力引导农民发展畜牧业和烤烟生产业。

二是狠抓基础教育工作。2000年以来，Y乡党委政府狠抓“两基”[①]工作。2004年10月“两基”工作顺利通过省政府检查验收，全乡适龄儿童入学率为98.8%，巩固率为96.5%。但是，由于新建教学楼不足，学校厕所、食堂和围墙等相关硬件设施没有完全配套建设起来，学校师生的学习和生活受到了很大影响，九年义务教育的实际效果很不理想。目前新建一所独立的初级中学的项目还正处于向省政府积极申请的过程中。

三是加强农村基础设施建设工作。对于Y乡政府来说，由于Y乡地理环境条件较为恶劣，加强基础设施建设是一项长期而繁重的工作任务。这项工作

① “两基”工作即指基本普及九年义务教育和基本扫除青壮年文盲。

具体又表现在水利建设、公路建设和生态工程建设等方面。水利建设方面:截至2005年5月30日,全乡共修建各类水池水窖403口、15 982立方米,铺设人饮管道12.95千米,人畜水池项目的竣工使用缓解了部分村组人畜饮水困难,有效解决全乡近480亩“望天田”的粮食稳产。其中,这些资金的主要来源也是财政扶贫资金、国债资金和少数民族发展资金。公路建设方面:2000年Y乡除册三公路、关云公路沿线外,全乡只有简易公路(晴通雨阻)近20千米,2001年乡党委政府在州党建扶贫工作队的帮助下,开始了公路建设攻坚战。从2001年起,到目前为止,全乡共计修公路七条,桥四座,极大地改善了当地群众的生产生活条件。生态工程建设方面:自2000年以来,Y乡党委政府结合生态环境建设项目和小流域治理工程及退耕还林、还草、还牧工作,大力植树、种草。

四是努力做好农村医疗卫生保障工作。由于受到地理位置、经济发展水平等条件的限制,Y乡政府虽经过极大努力改善本乡的医疗卫生条件,但是,该乡目前的医疗卫生工作仍处于简单小病就诊阶段,医疗设施十分简单,医疗资源的匮乏远远不能满足群众组要,群众看病难问题仍然较为严重。党中央和国务院对农村的低保工作在Y乡主要体现为建立农村特困户救助制度。由于救助资金需要省、地、县按4∶2∶4的比例分级负责筹集,加上地县财政支出能力有限,原定计划救助水平大打折扣。Y乡政府在此项工作中主要是扮演具体组织实施者的角色。

五是人口和计划生育工作。Y乡是一个典型的农业乡,人力的作用在生产生活中还相当突出,因此,人口和计划生育工作仍然是一项很重的任务。Y乡党委政府一直把人口与计划生育工作列入各项工作中的重要工作常抓不懈,控制人口增长,每年年初都层层签订责任状,组成强有力的计划生育工作专业队伍,专题召开计划生育情况分析会。同时,计划生育工作的方式较之以往发生了较大的改变,减少了简单粗暴的工作方式,增加了为民服务的内容。

六是大力发展农村文化事业。为了促进该乡文化事业发展,Y乡政府在加强对民间艺术的开发培养和对古风古俗的保存方面,做了大量的工作。每年春节,该乡场河火龙表演队都要到县城表演。另外,Y乡政府还积极组织农民运动会促进了全乡各村、组、群众之间的团结,增进全乡人民群众的友谊。同时,Y乡政府还积极通过与上级主管部门协调,使该乡广播电视的覆盖率达85%,移动电话覆盖 2 个村,程控电话通达 3 个村。

七是确保社会安全和稳定。维护社会安全和稳定是乡政府的一项重要任务。Y 乡政府在这方面也做了大量的工作,具体表现在以下几个方面:① 组建安全文明村寨 6 个,治安联防组织 6 个,创建 6 个消防队。② 积极开展创建无毒社区活动。Y 乡政府通过加强宣传,与各村、组、农户层层签订禁毒责任状,确保禁毒工作的顺利开展,进而保证了本乡辖区内无吸毒人员、无毒品流通的良好状况。③ 签订《安全生产责任状》,乡综治办与村、乡直机关签订治安责任状,建立乡、村、组治安防范体系,明确专人负责,层层落实责任。④ 积极配合县有关部门,建立道路交通安全社会化长效管理机制,对该乡境内事故多发地段进行监管并设立警示牌,确保本乡境内的道路交通安全。⑤ 积极组织各种宣传活动,提高公众的守法和安全意识。⑥ 建立全乡信访工作联席会议制度,每天有一名领导负责接待群众来信来访。通过进村入户、张贴宣传标语等方式依法做好信访工作的宣传,让信访群众能通过正确的渠道、合法的方式行使自己应有的权利。这样,群众对信访结果基本满意,近年来全乡没有发生群众集体上访事件。

八是制度供给及其他工作。所谓“制度供给”,就是乡政府要为居民创造一个公平、公开、公正、透明的政策环境,以促进当地经济的发展和社会的进步。在政务公开和村务公开方面,乡党委政府高度重视,切实制订工作实施方案,成立了乡政务及村务公开领导小组和工组监督小组,形成主要领导亲自抓、分管领导具体抓、乡民政办直接负责日常事务工作和各驻村干部为村务公开第一责任人等制度,明确各自职责,并把该项工作列为年度考核的主要内容。对政务及村务公开相关内容和要求进行专题培训,要求政务公开每年不低于 4 次,村务公开不低于 8 次,真正做到让群众明白,使干部清白,树立了良好的政府形象,确保政令畅通,使基层民主政治建设有步骤、按程序进行,确保健康稳定发展。但是,我们在调查过程中发现,该乡的政务及村务公开仍然存在不少问题,如公开内容不够全面具体、公开形式过于单调、公开时间不够及时等等。另外,乡政府每年除了完成年初工作计划外,还有大量的临时性、突击性的工作。

二、乡镇政府职能现状存在问题分析

结合乡镇政府的相关法律法规的规定和乡镇政府职能的现实状况,我们了解到现阶段我国乡镇政府职能还存在诸多不容忽视的问题，具体表现在：

（一）乡镇政府职能的法律规定不够具体

现有的法律法规虽然已经对乡镇政府职能做出了明确的规定，但从法律规范性文件的内容看，乡镇政府的职能还不具体。表现在：① 地方组织法只是对乡镇政府的职能权限范围进行了原则规定，并未规定具体的职责范围和内容，即具体应该做什么。② 各项专门法对地方各级政府及其部门在相关领域的职责进行了规定，但非常笼统，并未明确规定各级政府之间的事权划分，甚至没有规定乡镇政府在相关领域的具体职责权限。③ 改革后的乡镇政府职能发生了一定的变化，但这些变化尚未以法律法规或规章的形式予以规定和定型。

另外，根据相关法律法规来看，它主要强调的是乡镇政府的政治职能、管理职能与保护职能，对乡镇政府的服务职能却没有作过多强调。然而，按照现代政府理论和政府改革趋势，政府应该运用税收等渠道筹集资金，为社会提供公共产品和公共服务，即政府必须突出服务这项职能。如果乡镇政府不能很好履行服务职能，其存在的必要性就会引起人们的质疑。但目前我国大多数地方的乡镇政府，由于相关法律法规对服务职能的规定不明确等多种原因，在发挥服务职能方面做得很不够，甚至很差，不少地方的乡镇政府根本就没有发挥为农村提供有效公共服务的职能，这与一级政府应该履行的职能很不相称。因此，为了保证乡镇政府能够切实发挥为农村和农业发展服务的职能，确保乡镇政府的行为有法可依和行为结果受到法律约束，我们认为有必要在有关的法律法规上重新定位乡镇政府的职能，特别是要进一步明确其服务职能。只有这样，才能真正构建"服务型"乡镇政府。

（二）乡镇政府职能范围广、有效服务少

由于受传统计划经济体制下"全能型政府"思想的影响，乡镇政府承担了本应由企业、事业单位和其他社会组织以及个人承担的职责和任务，管了许多不该管、管不了也管理不好的事情，乡镇政府职能范围几乎覆盖了农村社会生活的全部方面。具体表现在：一是政府与市场不分。乡镇政府仍然有一种"保姆意识"，代替广大人民群众追求利益，仍然习惯于采用行政方法，不习惯于、不善于也不愿意将许多具体事务交由市场进行自我管理和调节。管理的方法技术也没有随着现代信息技术、电子技术的发展而创新和改进。如乡镇政府到农民家中、田间地头为农民安排种养项目、数量和面积，这样做的后果是使农民个体失去了为追求自身利益最大化进行理性选择的自由和机会，并导致政府权力过大，极易滋生腐败现象，最终造成工作的低效率。二是政社不分。政府对社会不信任，在很多方面仍然在包办应该由社会自己履行的职能，如在对市场和社会中介组织、自治组织的培育和管理中，乡镇政府仍然采取的是一种包办的态度和方式，政府管得过多过细，并进行严格地行政控制；在处理与村民委员会的关系时，乡镇政府也基本采取的是一种大包大揽的方式，对本应属于村民自治范围内的工作也经常进行行政干预。三是政事不分。政府行政机关和事业单位没有能准确进行各自的职能定位，存在部分政府部门不愿将事务性、技术性、辅助性工作外移。乡镇政府对农村公共事业的建设应该给予大力的支持和帮助，但不可以简单地替代、包办。由于乡镇政府的主要精力还是用于微观的、具体的经济和社会活动，继续承担着应该属于其他社会组织和个人的某些职能，而很少有时间从宏观上考虑整体发展战略问题，很少深入基层、深入实际调查研究，难以真正了解群众的实际需求，难以及时解决群众反映强烈的难点、热点、焦点问题。因此，乡镇政府也就难以为经济与社会发展提供有效的公共产品和公共服务。

(三) 乡镇政府职责任务重、权力资源小

无论是相关法律法规对乡镇政府职责权力的规定，还是乡镇政府在工作过程中承担的实际工作任务来看，乡镇政府明显存在责大权小的问题，即承担的职责任务重、可运用的权力资源少。处于我国政权体系基础和末梢地位的乡镇政府，肩负着管理农村和引导农村发展的重任。我们党关于农村工作的路线、方针、政策，国家法律和有关行政法规、命令、指示，上级机构涉及农村工作的意图、计划，最终都要通过乡镇政府去贯彻落实，都要通过乡镇政府的管理活动，才能直接化作乡镇人民的实际行动。同时，农村社会的安定，农民生活的改善和提高，党和政府在农村的形象，农村和农业的现代化，城乡差距的缩小，基层民主的建设，农村村民社会发展，都与乡镇政府的工作状况和职能发挥效果密切相关。总之，对于乡镇政府来说，往往是这项任务还没完成，又有了新的任务；对于乡镇干部而言，也总是有干不完的工作、忙不完的任务。

但是，乡镇政府作为最基层的一级政府，“条块分割”的问题十分明显，所谓“条”，是指上级政府的职能部门设置在乡镇的各种分支机构所拥有的行政管辖权；所谓“块”，是指乡镇政府对自身行政区域所拥有的行政管辖权。所谓“条块分割”问题，实际上是乡镇政府与上级政府设在乡镇的“七站八所”之间的管理关系不顺的问题。尽管在不同时期设在乡镇的站所名称、形式、数量不尽相同，但基本上都是这样的，即：工商、税务、国土等一般都是由县直部门直接管理或者以其为主导、乡镇政府辅助管理；文化、广播、农技等则被视为“包袱”甩给乡镇政府管理，并由乡镇财政供养。如此一来，运行的结果就是权力在“条”、责任在“块”，财权在“条”、事权在“块”，权责、利益分配不尽合理。财权方面，工商、税务、公安、法院等部门都实行了垂直管理，财权、财力上收，乡镇作为一级政权组织，在很多方面却不是执法主体，缺乏选择和实现本级政府收入、统筹本级政府收支的基本权力，无法满足其在财力上的相对独立性，激励约束机制更无从建立。事权方面，重要经济管理和执法机构上垂直管理后，乡镇政府提供生产服务、管理社会治安、发展教育事业、保护生态环境等职责被肢解，乡镇的事权内容处在“虚置”境地，其支出范围已非常狭窄。而由上级垂直部门延伸下来的“条条”机构，往往越权行事，实行自身职责转嫁，侵蚀乡镇政府的权益。这样，就导致了乡镇政府对垂直管理部门的依赖越来越严重，甚至变成上级政府的附庸，无法真正成为乡村有效治理的主体。

（四）乡镇政府履行职能往往是对上服务与对下服务不统一

乡镇政府在履行职能的过程中，实际表现出来的是为上级政府及其各个部门服务。我们在调查中就听到乡镇干部感叹：“权力一把抓，责任搞批发，任务层层加，乡镇已压垮。”由于上下级政府之间的事权划分不明确，上级政府及其各个部门把本来属于自己的责任逐级转移到乡镇。对于把各方面权力全面集中的上级政府及其各个部门来说，仍然习惯于以往的行政命令的管理方式，纷纷在乡镇找自己的“腿”。因此，在属地管理的原则下，乡镇政府需要承担方方面面的职责任务。同时，上级政府依赖本身所拥有的权力，对乡镇政府进行各种有利于自己的考核机制。这样，乡镇政府的行为势必发生异化，乡镇政府的职能转变成为服务性政府，但不是对农民群众服务，而是对上级政府及其各个部门服务。

三、乡镇政府职能存在问题的原因分析

目前乡镇政府存在的问题,其成因是复杂的,是多种因素造成的,具体分析如下:

第一,乡镇政府职能存在的问题,与我国相关法律关于乡镇政府职能的规定过于泛化有直接关系。相关法律对乡镇政府职能的规定过于泛化,造成乡镇政府职能与市场经济要求不相适应。《地方组织法》虽然对乡镇政府的职权作出了明确的规定,但实际落实中并不太理想,许多职能泛化,管理的事情越来越多,政治、经济、文化、社会无所不包,收税收费、计划生育、纠纷调处、环境保护无所不干,成了一个全能政府、无限责任政府。

第二,乡镇政府职能存在的问题,与我国长期以来实施赶超型现代化战略密切相关。长期以来,中央政府将推动社会、政治、经济的全面发展作为重要内容,各级政府面临着沉重的压力,形成了"压力型体制"。这种压力,通过层层政府传递,乡镇成了最终的承受者。这种体制的效应表现在:一是导致各级政府将事权下移,所有事情,不分大小轻重,不论该由谁负责,最终都由乡镇去承担完成,导致乡镇政府具有无限大的责任。二是这种体制要求机构"上下对应设置",便于层层传递压力,使每个上级机构和部门都要在乡镇一级找到自己的"腿腿"(俗语,意思为"跑腿的、做事的"),结果导致乡镇机构林立,编制膨胀。后来,那些有钱有权的"腿腿"又在机构改革中被上划、垂直管理,从而通过"设立分权、上划收权"的形式将乡镇政府的职权剥离殆尽,导致乡镇政府权力严重萎缩,几乎无"权"可用。三是这种体制使乡镇政府在原有职能基础上又进一步增加了公共产品供给的职能和压力。为了在短时期内使经济发展、城镇建设等各项事业取得实质性进展,许多乡镇不顾财力搞"政绩工程""形象工程",强调高速度、超水平,致使乡镇财政支出压力增大,乡镇债务负担加重。

第三,乡镇政府职能存在的问题,与分税制和财政包干制的财税体制有密切关系。1994 年开始,我国实施了分税制改革,但这主要规范了中央政府和省级政府之间的财政分配关系。对于乡镇财政来说,主要实施的仍然是"承包式"的财税体制,这一体制促进了有一定非农产业来源的乡镇积聚财力,同时也在一定程度上削弱了农业乡镇的财政实力。另外,由于分税制,上级政府往往从

自身角度出发，将本应由自己承担的公共服务职能部分或全部转移到乡镇，致使乡镇政府责任沉重。

第四，乡镇政府职能存在的问题，与乡镇机构和岗位设置滞后于经济社会发展密切相关。乡镇建制由于遵循与上级“对口”模式，“上面多少庙，下面多少神”。对于乡镇来说，往往是党委、政府、人大、纪检、武装等班子齐全，党政综合办、农业发展办、财政办公室、综合治理办公室、民政办公室、计划生育办公室等门类繁多。机构改革虽对一些机构进行了调整，但撤并在很大程度上体现的是行政意志，而不是市场意志。除了这些政府内部机构外，乡镇还有大量被称为“七站八所”的部门。“七站八所”是县职能部门派驻乡镇的机构，这些部门的人权、财权均在上级业务部门，乡镇政府几乎无权过问。因此，乡镇机构和岗位设置严重滞后，与农村经济社会发展需求不相适应。

第五，乡镇政府职能存在的问题，与乡镇干部队伍现状与农村工作实际要求不相适应有一定关系。乡镇干部队伍现状不适应农村工作实际要求，在很大程度上制约着乡镇政府职能的有效实现。一是乡镇干部思想观念陈旧，素质不高。目前很多乡镇干部知识结构不合理，缺乏岗位所需要的法律、科技、经济等基本理论知识，尤其缺乏指导农民进行农业产业结构调整，发展农业生产的经验和技能，难以适应农村新形势发展的需要，满足农民群众的需求。二是乡镇干部工作作风不实，落实不力。主要表现在工作作风漂浮，深入基层进村入户不够，调查研究不深；缺乏科学的发展观和正确的政绩观，弄虚作假，为求“政绩”欺骗组织和群众。三是责任感不强，政治素质不高。有部分乡镇干部在工作过程中，缺乏强烈的事业心和责任感，在发生上访等群体性事件时，不认真做群众思想工作，不疏导群众情绪；有部分乡镇干部搞“上有政策，下有对策”，对上级政府部门部署的工作大打折扣，贯彻执行不力。

第二章　机遇与挑战：乡镇政府职能转变的背景

第一节　建设社会主义新农村目标的提出

建设社会主义新农村，是我国现代化进程中的重大历史任务，是未来几年乃至相当长的时期我国破解“三农”问题、加快农村经济社会发展的重要战略。这一重大历史任务的提出，也给乡镇政府职能转变带来了新的机遇和要求。

一、社会主义新农村建设的内涵

建设社会主义新农村，是我国建设小康社会极为重要的内容之一。2005 年 5 月 4 日，胡锦涛总书记在给新疆农村青年的回信中号召建设社会主义新农村。同年 6 月 4 日，温家宝总理在河北省藁城市(今藁城区)考察农村税费改革情况时，提出“建设新农村，改变一些地方村容村貌差的状况”。同年 10 月，党的十六届五中全会通过的《中共中央关于制定国民经济和社会发展第十一个五年规划的建议》中明确提出了建设社会主义新农村的重大历史任务，“要按照生产发展、生活宽裕、乡风文明、村容整洁、管理民主的要求，坚持从各地实际出发，尊重农民意愿，扎实稳步推进新农村建设”。2006 年 2 月 21 日发布的中央一号文件更是全面分析了我国农业和农村形势，明确提出了推进社会主义新农村建设的总体规划要求和重大方针政策，是当前和今后一个时期我们党加强“三农”工作、指导社会主义新农村建设的纲领性文件。

“生产发展、生活宽裕、乡风文明、村容整洁、管理民主”这 20 个字是对建设社会主义新农村目标和要求的通俗简明的表述，其内容十分丰富，内涵极为深刻，涉及农村经济、政治、文化和社会发展的方方面面，全面体现了新形势下新农村建设的要求。

（一）生产发展

经济发展是社会发展的基础。生产发展是建设社会主义新农村的基础性目标。如果农业和农村经济得不到相应的发展，建设社会主义新农村的另外四个目标将失去基础。因此，建设现代农业和实现农村第一、二、三产业协调快速发展，自然成为新农村建设的首要内容。首先是加快现代农业建设。具体应把握几个要点：① 稳定发展粮食生产，落实耕地保护制度，实施优质粮食产业工程和粮食科技工程，建设大型商品粮生产基地和粮食产业带，确保国家粮食安全。② 继续调整农业结构，优化农业生产布局，发展农业产业化经营，推进农产品加工增值和快速流通，扩大园艺、畜牧、水产等优势农产品和绿色食品的生产。③ 改善农业生产条件，提高农业机械化水平，加强农田水利建设，加强草原保护和建设，提高农业综合生产能力。④ 推动农业科技进步，健全农业技术推广、农产品质量安全保证和动物疫病防治体系，提高农业竞争力。⑤ 转变农业增长方式，培育生物质产业，发展节约型农业，科学使用肥料、农药，实现农业可持续发展。其次是大力发展农村二、三产业，促进农村产业结构由较单一的农业转变为农村一、二、三产业全面发展。鼓励和支持符合产业政策的乡镇企业发展，特别是劳动密集型企业和服务业，着力培育县级产业支撑，大力发展民营经济，引导企业和要素集聚，发展壮大县域经济。总之，要通过农村各项经济的持续、快速、健康发展，大幅度增加农村经济总量和经济效益，为农民增收和农村全面发展奠定牢固的基础。

（二）生活宽裕

生活宽裕是建设社会主义新农村中反映农民生活水准的目标，是最直接的目标。不同时期，生活宽裕的衡量指标和度量是不同的。中华人民共和国成立初期，广大农民对美好生活的憧憬，是免受饥寒之苦，过上丰衣足食的生活。在进入工业化中期和建设社会主义新农村的时期，生活宽裕的内涵也随之变化，就是要实现农民收入的快速增加，让农民享受现代工业文明带来的物质文化成果，提高农民生活质量。首先要增加农民收入。农民生活宽裕，要以较高收入水平作为必要的前提条件。实现农民持续、较快增收，是推进社会主义新农村建设的核心任务。这就需要拓宽农民增收渠道：① 要充分挖掘农业内部增长潜力，实现农产品增值增效，增加农产品销售收入。② 要加快转移农村剩余劳动力，保障务工农民的合法权益，不断增加农民的务工收入。③ 要稳定、完善、强化对农业和农民的直接补贴政策，使得种粮农民获得相应受益。④ 要因地制宜实行整村推进的扶贫开发方式，增加贫困农户的经济收入。其次要大力发展农村社会事业。对农民来说，生活宽裕不仅意味着经济收入和物质生活水平的提高，还应该体现在包括文化教育、医疗卫生、社会保障等各项社会生活水平的提高上。针对我国目前农村社会事业发展严重滞后的现状，现在最迫切的就是要做好以下工作：① 大力加强农村社会事业，提高农村教育水平。② 加快农村公共服务体系建设，基本建立新型农村合作医疗制度。③ 按照城乡统筹发展的要求，逐步建立农村社会保障制度。

（三）乡风文明

乡风文明是建设社会主义新农村中精神文明方面的目标，主要是要倡导健康文明的新风尚。一要大力弘扬以爱国主义为核心的民族精神和以改革创新为核心的时代精神，激发农民群众发扬艰苦奋斗、自力更生的传统美德，为建设社会主义新农村提供强大的精神动力和思想保证。二要加强思想政治工作，深入开展农村形势和政策教育，认真实施公民道德建设工程，积极推动群众性精神文明创建活动，开展和谐家庭、和谐村组、和谐村镇创建活动。三要引导农民崇尚科学，树立先进的思想观念和良好的道德风尚，提倡科学健康的生活方式，在农村形成文明向上的社会风貌。

（四）村容整洁

村容整洁是建设社会主义新农村中最能直接感观的表象化目标。村容整洁就是要逐步改善农村人居生活环境，明显改变农村落后面貌，主要包括三方面内容的建设：一是村庄规划建设。村庄规划建设，应该实行政府引导、农民为建设主体的政策。要本着节约原则，统筹城乡土地管理，大力节约村庄建设用地，切实做到减少占用土地，高效利用土地。二是农村公共设施建设。改善农村公共设施状况，加快乡村道路建设，继续完善农村电网，解决农村饮水安全问题。三是实行清洁生产和生活。结合农村改灶、改厕和改圈工程，大力推广普及沼气，积极发展符合农村特点的风能、太阳能等清洁能源，推进农村生活垃圾和工业垃圾的无害化处理，搞好农村环境，改变村容村貌。

（五）管理民主

管理民主是建设社会主义新农村组织制度方面的目标。民主是衡量社会进步的重要尺度，管理民主是适应社会转型的需要。建设社会主义新农村必须实行民主管理，才能适应新时期农民民主参与意识增强的需要。因此，我们需要做好以下工作：一是加强农村党组织和基层组织建设，为建设社会主义新农村提供坚强的政治和组织保障。二是健全村党组织领导的充满活力的村民自治机制，进一步完善村务公开和民主议事制度，让农民群众真正享有知情权、参与权、管理权、监督权。三是培育农村各种新型的社会化服务组织，提高农业的组织化程度，帮助弱势农民形成组织，以降低风险、提高收益，增强农民的自主治理能力。

二、社会主义新农村建设带来的机遇

上述支农惠农政策显示了中共中央、国务院对“三农”问题的重视程度、领导力度和工作强度，使乡镇政府改革面临着前所未有的机遇。

第一，建设社会主义新农村是新时期各级党委和政府工作的重中之重，有利于从思想上提高对乡镇政府改革必要性和重要性的认识。2006 年中央一号文件明确指出，“各级党委和政府必须按照党的十六届五中全会的战略部署，始终把‘三农’工作放在重中之重，切实把建设社会主义新农村的各项任务落到实处，加快农村全面小康和现代化建设步伐”。乡镇政府作为中国农村最基层的行政机构，是党和国家各项方针政策在农村的具体执行者，是国家各项工作在农村的落脚点。社会主义新农村建设是党中央根据国家经济社会发展，特别是农村发展的需要做出的一个重大战略决策，其落实效果的好坏在很大程度上依赖于乡镇政府执行政策能力的高低。因此，如何推进乡镇政府改革、提高乡镇政府行政能力就会成为大家共同关注的焦点问题，得到学术研究者、改革实践者以及相关领导者的高度重视，进而分别从理论和实践角度为乡镇政府改革献计献策。这样，可以为乡镇政府改革打下坚实的思想基础，有利于乡镇政府职能转变得到顺利实施。

第二，建设社会主义新农村意味着要统筹城乡经济社会发展，有利于从财力上为乡镇政府改革提供资金支持。经过几十年的社会主义建设，特别是经过改革开放以来经济社会的快速发展，我国的经济总量大大增加，综合国力大大增强，人均国内生产总值已超过1 000美元，国家公共财力越来越雄厚，经济保持着持续快速健康发展的好势头，已经有必要而且有能力转而采取工业反哺农业、城市支持农村的政策取向。因此，2006年的中央一号文件明确提出，要"加快建立以工促农、以城带乡的长效机制。顺应经济社会发展阶段性变化和建设社会主义新农村的要求，坚持'多予少取放活'的方针，重点在'多予'上下功夫。调整国民收入分配格局，国家财政支出、预算内固定资产投资和信贷投放，要按照存量适度调整、增量重点倾斜的原则，不断增加对农业和农村的投入。扩大公共财政覆盖农村的范围，建立健全财政支农资金稳定增长机制。2006年，国家财政支农资金增量要高于上年，国债和预算内资金用于农村建设的比重要高于上年，其中直接用于改善农村生产生活条件的资金要高于上年，并逐步形成新农村建设稳定的资金来源"。上述政策表明，建设社会主义新农村具备了比较充足而稳定的资金来源，这就为乡镇政府改革中的职能转变、精简机构和人员、提高乡镇干部素质等方面打下了良好的资金基础。

第三，建设社会主义新农村得到各行各业社会力量的支持，有利于为乡镇政府改革提供重要的前提条件。2006年中央一号文件规定，"建设社会主义新农村是全社会的事业，需要动员各方面力量广泛参与。各行各业都要关心支持新农村建设，为新农村建设作出贡献"。"加大城市人才、智力资源对农村的支持"，"引导党政机关、人民团体、企事业单位和社会知名人士、志愿者对乡村进行结队帮扶，加强舆论宣传，努力营造全社会关心、支持、参与建设社会主义新农村的浓厚氛围"。全社会各行各业都来支持新农村建设，有利于各类技术人才、机关单位、人民团体等力量进入农村，密切结合不同地区的实际情况，充分发挥自己的优势，贡献自己的力量，进而增强新农村建设过程中的社会力量的作用。这样，新农村建设的历史重任就有了更多的承担主体，而不仅仅局限于政府特别是乡镇政府的身上，为乡镇政府的职能转变打下良好的社会基础。

三、社会主义新农村建设带来的挑战

当然，建设社会主义新农村在给乡镇政府职能转变带来上述机遇的同时，

也带来了一系列的挑战。

第一，建设社会主义新农村是一项全面而系统的工作，这就使得乡镇政府职能转变增加了更多的复杂性。按照“生产发展、生活宽裕、乡风文明、村容整洁、管理民主”的总体要求来看，社会主义新农村建设是一个经济建设、政治建设、文化建设、社会建设四位一体的综合概念，不但涵盖了以往国家在处理城乡关系、解决“三农”问题方面的政策内容，而且赋予其新时期新的内涵，它既包括了路电水气等生活设施和教育、卫生、文化等社会事业建设，也包括了以农田、水利、科技等农业基础设施为主的产业能力建设；既包括了村容村貌环境整治，也包括了以村民自治为主要内容的制度创新。因此，乡镇政府不能像以往那样单纯追求 GDP 的增长，而要促进经济社会的协调发展；乡镇政府的服务方式也不能依靠简单的行政命令的方式，而要综合运用经济、法律和行政等多种方式，这在一定程度上增加了乡镇政府职能转变的复杂性。

第二，建设社会主义新农村是一项密切结合实际的工作，这就要求乡镇政府职能转变具有更强的务实性。党的十六届五中全会要求，新农村建设要坚持从各地实际出发。由于我国幅员广阔，不同地区经济社会发展水平、地理条件特征、环境资源状况和人口素质程度等因素差异较大，建设社会主义新农村的速度、目标、模式也会各不相同。因此，我国各地建设社会主义新农村的模式也不可能千篇一律，应该坚持从实际出发，因地制宜、因时制宜地选择建设社会主义新农村的具体路径，积极探索建设社会主义新农村的有效模式。[①] 为了使改革后的乡镇政府更好地为社会主义新农村建设服务，适应各地的经济社会发展需要，乡镇政府改革也就不可能是一个单一的统一模式，其必然体现出多样化、个性化的特点。因此，在遵守各种基本原则的前提下，我们必须综合考虑各地实际情况进行乡镇政府改革，这在一定程度上增加了乡镇政府职能转变实际操作中的难度。

第三，建设社会主义新农村是一项关系广大农民群众利益的民心工程，这就要求乡镇政府转变职能更体现人本性。2006 年 2 月，胡锦涛总书记在省部级主要领导干部建设社会主义新农村专题研讨班开班式上强调，尊重农民意愿，

---

① 杨继瑞：《关于建设社会主义新农村的思考》，载《高校理论战线》2005 年第 12 期，第 17 页。

维护农民利益,增进农民福祉,扎扎实实规划和推进社会主义新农村建设。建设社会主义新农村,从根本上说是亿万农民群众的事业。其最终目的在于,从根本上转变农民传统的生产方式、生活方式、交往方式和价值观念,引导农民通过投身新农村建设,陶冶情操、提高素质、转变观念、走向富裕、迈向文明,在建设自己的家园中成为现代化建设的优秀的价值主体和创造主体,共享现代文明的成果。建设社会主义新农村一定要在实践中切实尊重和突出农民群众主体地位,切实解决农民群众最关注的实际问题,绝对不能不顾农民意愿搞强迫命令,也绝对不能不顾群众承受能力搞追风冒进。因此,这就对乡镇政府职能转变提出了更高的要求,必须坚持以更好服务农民群众为目的,以农民群众获得实惠为标准,真正实现乡镇政府从"官本位"向"民本位"转变。

第二节　持续推进的农村税费改革

一、农村税费改革的主要内容

农村税费改革是我国继实行土地改革、家庭联产承包经营责任制之后的又一次重大制度变革,在某种程度上也可以说是又一场革命,目的在于按照市场经济的发展要求,调整和规范国家、集体和农民之间的分配关系,减轻农民负担,促进农民收入增长,农业健康发展,农村社会稳定。农村税费改革可以分为两个阶段。

(一)第一阶段:费改税阶段

从2000年开始,中共中央、国务院决定在安徽全省和其他省份的一些地区进行农村税费改革试点,主要任务是通过正税清费、规范税制,治理"三乱",取消"三提五统",把过重的农民负担减下来。

这一阶段的具体内容概括起来就是"三取消、两调整、一改革"。即:取消乡统筹费、农村教育集资等专门面向农民征收的行政事业性收费和政府性基金、集资;取消屠宰税;取消统一规定的劳动积累工和义务工;调整农业税和农业特产税政策;改革村提留征收使用办法。

① 取消乡统筹费、农村教育集资等专门面向农民征收的行政事业性收费和

政府性基金、集资。乡统筹费是指长期以来按照国家有关法规和政策规定，由集体经济组织向农民收取的一种费用，主要用于安排乡村两级办学、计划生育、优抚、民兵训练、修建乡村道路等民办公助事业，即所谓“五项统筹”。取消乡统筹费后，原由乡统筹费开支的乡村两级九年制义务教育、计划生育、优抚和民兵训练支出由各级政府通过财政预算安排。修建乡村道路所需资金不再固定向农民收取，村级道路建设资金由村民大会民主协商解决，乡级道路建设资金由政府负责安排。农村卫生医疗事业逐步实行有偿服务，政府适当补助。取消在农村进行教育集资，中小学危房改造资金由财政预算安排。所有专门面向农民征收的行政事业性收费、政府性基金和涉及农民的集资项目，要一律取消。

② 取消屠宰税。实行农村税费改革试点的地区，取消屠宰环节和收购环节征收的屠宰税。原来地方随屠宰税附征的其他收费项目也一律停止(按国家规定收取的检疫费等合法收费除外)。试点地区取消屠宰税后，不得以任何名义、方式向屠宰、收购生猪、菜牛、菜羊等应税牲畜的单位和个人变相征收、平摊屠宰税。

③ 取消统一规定的劳动积累工和义务工。劳动积累工和义务工，简称“两工”，是为进行农田水利基本建设等集体公益事业而规定农民义务承担的劳务。其中，义务工主要用于植树造林、防汛、公路建设、修缮校舍等，积累工主要用于农田水利基本建设和植树造林等。农村税费改革试点地区一律取消统一规定的劳动积累工和义务工。取消劳动积累工和义务工后，村内进行农田水利基本建设、修建村级道路、植树造林等集体公益事业所需劳务，实行一事一议，由村民大会民主讨论决定。村内用工实行上限控制。

④ 调整农业税、牧业税政策。农业税按照农作物的常年产量和规定的税率依法征收。常年产量以 1998 年前 5 年农作物的平均产量确定，并保持长期稳定。调整农业税税率，将原农业税附加并入新的农业税。新的农业税实行差别税率，最高不超过 7%，现行农业税减免政策基本维持不变。征收牧业税的地区，取消屠宰税、乡统筹费等税收和行政事业性收费、政府性基金、集资后，牧业税的负担按照略低于新的农业税负担的原则确定。对不承包耕地的渔民的税费政策调整，由试点地区省级政府参照上述农村税费改革试点工作的基本原则制定具体办法。

⑤ 调整农业特产税政策。从 2004 年起，除烟叶外，各地不得再对原农业特产税应税产品征收农业特产税，改为征收农业税。

⑥ 改革村提留征收使用办法，征收农业税附加。村提留，是指农村集体经济组织每年依法从本集体经济组织成员生产收入中，提取的用于本组织内维持或者扩大再生产、兴办公益福利事业和日常管理开支的费用。包括公积金、公益金和管理费三个项目，即所谓“三项提留”，其中，公积金用于农田水利基本建设、植树造林、购置生产性固定资产和兴办集体企业；公益金用于五保户供养、特别困难户补助、合作医疗保健以及其他集体福利事业；管理费用于村干部报酬和办公经费。

税费改革后，村干部报酬、五保户供养费用和村级办公经费，对于原来是由集体经营收入开支的，仍继续由集体经营收入开支；对于原来是由农民上缴村提留开支的，改为采用新的农业税附加方式统一收取。村内兴办其他集体生产公益事业所需资金，不再固定向农民收取村提留，实行一事一议，由村民大会民主讨论决定，实行村务公开、村民监督和上级审计。[①]

（二）第二阶段：免征农业税阶段

从 2004 年开始，在黑龙江、吉林等中央确定的试点省份和其他自愿进行改革的试点省份进行免征农业税的改革试点，很快，免征农业税的改革试点工作得到各省（自治区、直辖市）的纷纷效仿。到 2005 年年底，全国除了河北、山东、云南三省外，其余 28 个省（自治区、直辖市）相继宣告免征农业税。原定五年取消农业税的目标，事实上提前 3 年完成。这次改革的主要任务是在规范农村税费制度的基础上，按照完善社会主义市场经济体制的要求，取消专门向农民征收的各种税费，建立覆盖城乡的公共财政制度，建立精干高效的基层行政管理体制和运行机制，建立农民增收减负的长效机制，实行城乡经济社会协调发展。

这一阶段的主要内容是 5 年内在全国范围内取消农业税，取消除烟叶税以外的农业特产税，同时推进乡镇机构、农村教育体制、县乡财政体制等综合配套改革，概括起来就是“两取消、三改革”。“两取消”是全面取消除烟叶税外的农业特产税；全面免征农业税。“三改革”是改革乡镇机构，精简人员，进一步转变

① 赵鲲编著：《农村税收》，中国林业出版社 2004 年版，第 24—27 页。

乡镇政府职能;改革农村教育体制,有效配置教育资源,提高农村教育质量;改革县乡财政体制,规范财政转移支付,增加对农村的公共财政收入。

(1) 按照五年内取消农业税的总体部署,2004 年黑龙江、吉林两省进行免征农业税试点改革,河北、内蒙古、辽宁等 11 个粮食主产省(区)的农业税税率降低 3 个百分点,其余省份农业税税率降低 1 个百分点。农业税附加随正税同步降低或取消。一些地方可根据本地的财力状况,自主决定多降税率或进行免征农业税改革试点。征收牧业税的地区,要按照本省(区)减免农业税的步骤和要求同步减免牧业税。

因减免农(牧)业税而减少的地方财政收入,中央财政将安排专项转移支付给予适当补助。省级财政和有条件的市、县财政要继续安排必要资金支持基层改革,不得将减免农业税形成的资金缺口留给基层。鼓励地方根据自身财力条件,自主决定扩大农业税免征范围,其自主免征农业税减少的收入从 2006 年开始列入中央财政对地方转移支付的测算补助基数。

(2) 全面落实取消除烟叶外的农业特产税政策。农业税计税土地上生产的农业特产品,统一按调整后的农业税税率征收农业税,实施免征农业税试点的地区不再改征农业税;非农业税计税土地上生产的农业特产品,不再征收农业特产税,也不改征农业税。

(3) 按照切实转变乡镇政府职能、努力建立服务型政府和法治政府的要求,对乡镇内设机构实行综合设置。严格控制乡镇领导职数,从严核定和控制乡镇机构编制和财政供养人员数量,由省级政府实行总量管理,确保 5 年内乡镇机构编制和财政供养人员数量只减不增。按照在合理区分公益性和经营性职能的基础上实行分类管理的要求,整合现有乡镇事业站所。强化公益性事业单位公共服务功能,其经费主要由财政保障;强化经营性事业单位自我发展能力,使其逐步走向市场。

(4) 坚持以政府投入为主的农村义务教育投入机制,进一步明确各级人民政府对义务教育的保障责任,确保农村义务教育正常经费支出需要。进一步加大对县特别是财政贫困县的转移支付力度。县级人民政府要根据上级转移支付资金和自由财力,统筹安排农村义务教育经费。积极推进农村义务教育阶段贫困家庭学生"两免一补"(免课本费、杂费,补助寄宿生生活费)政策的实施,确保中西部地区农村义务教育阶段贫困家庭学生就学。建立健全监督机制，确保国家对农村义务教育的各项政策落到实处。加快中小学人事制度改革，严格教师资格和准入制度，加大城乡教师交流力度，进一步优化教师队伍。农村学校建设要统筹规划，量力而行，严禁不切实际超标准建设。进一步优化教育资源配置，加大薄弱学校改造工作力度，促进城乡义务教育均衡发展。

(5) 根据财权和事权相统一的原则，继续改革完善县乡财政管理体制，确保乡镇正常经费支出需要。积极推行和完善"省直管县"财政管理体制改革和"乡财县管乡用"财政管理方式改革。中央财政要采取奖励和补助措施，引导省、市两级人民政府在财力分配上向财政困难的县乡倾斜，鼓励县乡增收节支、精简机构和人员等。完善城乡公共财政制度，进一步优化支出结构，新增财政支出和固定资产投资要重点向农村倾斜，加大对农村教育、道路、供水、卫生、文化事业的投入。积极稳妥地推进农村合作医疗试点，建立健全农村医疗救助制度，逐步改善农村医疗卫生条件。有条件的地方可以探索建立农村生活保障制度。

二、农村税费改革与乡镇政府职能转变的动力

从实际情况来看，税费改革收到了显著的成效，减轻了农民负担，改善了干群关系，进而为乡镇政府职能转变创造了有利条件和契机。

首先，农村税费改革的快速推进，尤其是农业税的全面取消，有利于彻底减轻农民负担，重建新型农村干群关系。1997 年是我国农民税费负担最高的年份，人均 108 元，占当年农民人均纯收入的 5.2%。实行税费改革后，农民负担明显下降，2002 年农民的税费负担为人均 78.7 元，比 1997 年减少 29.3 元。在全国范围内实行税费改革的 20 个省份中，农民人均减负幅度为 40%，减负额约为 40 元。[①] 2004 年开始免征农业税和降低农业税税率之后，农民负担进一步减轻。在存在农业税费的情况下，乡镇政府作为农业税费的征收主体，从目的、过程与结果都直接与农民利益相对，二者不可能达到完全的协调一致。乡镇政府作为农业税费的征收主体，从目的、过程与结果都直接与农民利益相对，二者

① 项继权主编：《走出"黄宗羲定律"的怪圈——中国农村税费改革的调查与研究》，西北大学出版社 2004 年版，第 22—23 页。

不可能达到完全的协调一致。政府执政为民的理念在农业税费征收的过程中也难以得到切实的贯彻落实。取消农业税后,乡镇政府的财政收入来源更多是来自中央和省级政府的财政拨款,乡镇政府行为与农民利益更多地表现出了一致性,责任和服务成为乡镇政府的必然价值选择。这也大大缓和了乡镇干部和农民群众之间关系的紧张状态,进而促进乡镇政府更多地为农民群众服务。

第二,农村税费改革,特别是农业税的取消,为实现乡镇政府职能由管制向服务转变提供了可能性。乡镇政府在计划经济年代形成的全方位的管理职能,在政府自利性驱使与自身生存的财政压力下,不可能随市场经济的到来自动实现向服务职能的转变,对公共产品的服务供应显然不能适应市场经济发展的内在要求。随着农业税的取消,农业税费的征收作为乡镇政府的主要职能之一也随之消失,由“对上服务,对下要钱”向“对上要钱,对下服务”转变。乡镇政府在上级财政转移支付的情况下,从繁重的税费征收中解脱出来,使政府向服务职能的转变成为可能,由无限政府向有限政府转变。

第三,农村税费改革,特别是全面取消农业税,有利于实现乡镇政府职能回归到法定职能上来。根据《地方组织法》规定的乡镇政府行使的职权内容,乡镇政府的职能可以概括为四项,即政治职能、经济职能、文化职能、社会管理职能。政治方面,主要是贯彻落实党和国家的方针政策,做好基层民主政治建设;经济方面,主要领导和指导乡镇区域的农业、工业和第三产业的发展;文化方面,主要是使社会主义文化在农村得到广泛传播和发展;社会管理方面,主要是要维持乡镇区域内社会秩序的稳定有序。但是,在农业税取消以前,对于乡镇政府来说,收取税费是乡镇干部每年工作计划的主要内容,占用了乡镇干部相当多的工作时间,乡镇干部为群众服务的时间精力自然就少了。因此,全面取消农业税,有利于乡镇政府职能回归到法定职能上来。

三、农村税费改革给乡镇政府职能转变带来的挑战

农村税费改革,特别是全面取消农业税,给乡镇政府职能转变带来机遇的同时,也给乡镇政府职能转变带来了严峻挑战,具体表现如下:

第一,农村税费改革减少了乡镇政府可用财力,乡镇政府财政陷入困境。乡镇一级财政收入由国家预算内资金、预算外资金和自筹资金组成。由于前两

部分收入比较固定,后一部分收入缺少刚性规定,这种收入结构,很容易诱发乡镇政府在争取财政收入来源上向自筹收入方向倾斜,再加上1994年的分税制改革,使得乡镇政府的"赢利型经纪人"的特征更加突出,农民负担也越来越重,农村税费改革亟待进行。因此,自2000年开始,农村税费改革逐渐在全国范围得以推行。农村税费改革后,"三提五统"、向农民筹款筹劳等自筹收入被取消了,农村的乱收费、乱集资、乱摊派现象得到了有效遏止,农民负担普遍比改革前有了不同程度的减轻。但是,相应地也带来了一个非常严峻的后果,即乡镇政府财政收入减少,经济发展相对落后和以农业为主要产业的地区尤为突出。伴随着乡镇财政收入的大幅减少,各乡镇财政支出总体上却依然呈现出稳步增长、支出结构基本保持不变的格局。一方面是乡镇财政收入的实质性减少,另一方面则是乡镇财政支出稳定不变甚至还有所增长。财政收支的这种反向运动使乡镇原有财政缺口进一步增大,乡镇财政赤字和债务有增无减。面对庞大的财政收支缺口,中央和省级政府的转移支付是杯水车薪。这在一定程度上就制约了乡镇政府职能转变的速度和效果。

第二,农村税费改革进一步弱化了乡镇政府公共服务职能,农村公共产品的提供更加困难。我国农村供给公共产品的能力由于农村经济的落后历来比较薄弱,农村税费改革以前,供给农村公共产品所需资金主要来源于农民群众自己缴纳的各种费用。自上而下强制推行的农村税费改革,强调比较多的是将对农民过多的收费降下来,而相对忽视了乡镇政府应该承担的供给农村公共产品的职能。这样,乡镇政府就处于一个两难困境中:要生产和提供农村公共产品,就不得不加重农民负担;如果不加重农民负担,就不能生产和供给基本的农村公共产品。由于自上而下强制推行的农村税费改革直接减少了乡镇政府的可支配资金收入,乡镇政府因而也就无法有效提供最基本的农村公共产品,农村义务教育、水利和乡村公路建设等事业受到严重影响,乡镇政府公共服务职能严重弱化。所以,我们不能把全面取消农业税看成是农村税费改革的终结,必须搞好相关的配套建设,其中,实现乡镇政府职能转变就是很重要的方面。因为全面取消农业税之后,乡镇政府的工作内容大大简化,工作的重点也发生了转移,而且广大农民对乡镇政府也有了新的期盼和要求。只有通过转变乡镇政府职能,才能让乡镇政府真正适应农村改革发展的要求。

第三,农村税费改革后,人员分流也将是乡镇政府面临的严峻挑战,影响和制约着乡镇政府职能转变的顺利实现。随着农业税的全部取消,农民交得少了甚至不用交任何费用了,乡镇财政收入大幅较少、收支不平衡,存在严重的资金缺口问题。乡镇政府能采取的直接有效对策只能是减人减事减支,把多余的人员从组织人事和财政的安排中减去。但是,在传统的以农业税收为主要税收来源的乡镇,乡镇干部的工作内容较为单纯、工作对象比较直接、工作方式较为简单,使得乡镇干部难有所长,几乎不具备什么谋生的技能。他们下岗后,社会很难再为他们提供管理职能的岗位;由于他们缺乏资金和经验,也很难进入商业流通领域;如果转换角色从事体力劳动,他们的体力、耐力和心理承受能力也很难适应。因此,被分流的乡镇干部往往因为得不到很好的出路而极有可能成为社会不安定因素。“人往何处去”成为取消农业税后困扰乡镇政府的一大难题。而乡镇政府职能的转变则需要实现乡镇机构的裁撤并转,这就要求一部分人员要从党政机关和事业单位中分流出去。如果不能实现人员分流的目标,乡镇机构无法成功“消肿”和重组,因人设岗现象就不能杜绝,机构之间、人员之间争着“揽权”“设租”,乡镇政府职能转变也就只能是一句空话。

第三节　中国农村践行的村民自治

一、村民自治的产生及内涵

20 世纪 80 年代初,随着家庭联产承包责任制和统分结合的双层经营体制的推行,农村经济状况发生了深刻的变化,农民收入稳定增加,集体经济不断壮大。相应地,农村经济改革的成功呼唤着农村政治体制改革的到来,在农村政治实践中出现了村民自治的萌芽。从这个意义上讲,村民自治这一农村民主进程的表现形式,就是农村联产承包责任制这一创制的政治回应。其基本含义是在行政村的地域内,由村民群众自我管理、自我教育、自我服务,依法办理自己的事务。它是亿万农民群众自农村改革后在基层公共事务管理上所享有的一项新的当家作主的权利。

村民自治在我国农村的发展大体经历了三个时期:第一个时期从 1980 年

到1987年,是村民委员会从兴起到普遍建立的时期。1980年2月,中国历史上的第一个村民委员会——广西壮族自治区宜山县(现宜州市)三岔公社村民委员会成立。农民这一首创精神得到了各级领导的充分肯定与支持。1982年,第五届全国人大第五次会议颁布的新《宪法》,以根本法的形式明确了村民委员会是群众性自治组织的法律地位。1983年10月,中共中央、国务院联合发出《关于实行政社分开建立乡政府的通知》,正式废除了人民公社体制,村民自治随之在全国逐步推广。第二个时期从1987年到1998年,是村民委员会逐步纳入制度化、法治化轨道时期。1987年,党的十三大明确提出要充分发挥基层群众性自治组织的作用,促进农村民主政治建设。这一政策背景为《村民委员会组织法》出台提供了契机。1987年11月,第六届全国人大常委会第二十三次会议通过了《中华人民共和国村民委员会组织法(试行)》。第三个时期从1998年开始到现在,是村民委员会在法制范围内进一步发展、完善的时期。1998年11月4日,在总结实践经验的基础上,第九届全国人大第五次会议对该试行法作了修订,正式出台了《中华人民共和国村民委员会组织法》(以下简称《村民委员会组织法》),从村民委员会的性质、任务、选举、组成以及村委会与基层政权、村级经济组织和村民代表会议等方面作了较为原则的界定。①

由此可见,村民自治是指农村居民根据法律自主管理本村事务的基层民主制度,是在新的历史条件下农村治理的一种有效形式。其内涵包括:第一,村民自治的主体是村民。村民作为自治活动中最活跃的因素,是村社区公共意志主体和政治行为主体的有机统一。① 村民是村社区的公共意志主体。村民自治运行的整个过程也就是村民公共意志表达并实现的过程。村民自治的各项制度设计也为村民公共意志的顺利运行提供了制度支持。如村民代表制度,一方面,村民选举产生村民代表,保障了村民意志体现的真实性;另一方面,村民代表表决村务,保障了村务运行的合意志性。村民作为村社区的公共意志主体是社会主义基层民主的本义要求。② 村民是村社区的政治行为主体。村民作为政治行为的启动者和承受者通过民主选举、民主决策、民主管理、民主监督等政治活动,实现公共意志,发挥主体能动作用。

① 邱新有、邱国良等:《村民自治政策与乡村治理》,载《求是》2006年第1期,第89页。

第二，村民自治的客体主要是村民根据国家法律管理的各项村务。作为政治经济、文化有机统一体的农村，其依法管理对象广泛涉及政治、经济、文化领域，具有综合性、广泛性、全面性的特征。《村民委员会组织法》第二条规定："村民委员会办理本村的公共事务和公益事业，调解民间纠纷，协助维护社会治安，向人民政府反映村民的意见、要求和提出建议。"第八条规定："村民委员会应当支持和组织村民依法发展各种形式的合作经济和其他经济，承担本村生产的服务和协调工作。促进农村生产建设和经济发展。"可见从物质到精神、从生产到生活都是村民自治的管理对象。

第三，村民自治是以遵循法律制度、方针政策为前提的群众性政治行为。村民自治是以法律制度、方针政策为依据，以遵守国家宪法和法律制度为前提的。村民自治的自治章程、村规民约以国家的宪法法律、方针政策为原则，不得与之相违。村民自治中的村民首先是一个遵纪守法的公民，不得损害国家和集体的利益，不得妨碍其他公民的合法权利。

二、制度设计上的村民自治及其影响

1998年颁布的《村民委员会组织法》规定：村民委员会是村民自我管理、自我教育、自我服务的基层群众性自治组织，实行民主选举、民主决策、民主管理、民主监督。乡、民族乡、镇的人民政府对村民委员会的工作给予指导、支持和帮助，但是不得干预依法属于村民自治范围内的事项。村民委员会协助乡、民族乡、镇的人民政府开展工作。广大村民在法律的框架下依法选举出自己的自治组织，管理本村庄内部的事情，谋求自身的发展。民主选举使得村委会权力的来源发生了变化，村委会不用对上级政权负责，而是为村民提供公共服务。广大农民通过自己的自治组织——村委会来同国家权力机关发生互动。法定意义上的乡村关系既保证了农民在村庄范围内享有最大限度的民主，又有效实现了乡村社会的整合。

首先，村民自治制度改由过去变了数千年来农村地区的政治权力结构，权力运作的方向由"自上而下"变成了"自下而上"。村干部不再由上级任命，而是要经过村民的选举产生，由农民监督和罢免。村干部现在是要对下向村民负责，而不再是向上对乡镇负责。这就是说，村一级的政治精英的政治权威不能再依靠自上而下的强制性的政府命令,而是必须要依靠政治生活最基层的村民的认可和同意。他们在任职期间,必须始终代表和维护村民的利益,否则就可能被撤换或者在换届选举时落选。因此,当遇到重大问题时,他们必须与村民协商各种政策,必须在村民的监督下实施,即使需要乡镇政府的支持,也必须在村民同意的基础上进行。这在一定程度上阻断了乡镇政府对农村社区内部事务的过分干预,有利于乡镇政府职能从无限向有限转变。

第二,村民自治的实践,不仅增强了农民的民主意识和政治参与热情,而且也提高了他们的政治认知和参政能力,使他们学习和掌握了政治生活的一些基本程序,促进了农村基层政治的制度化和法治化。村民自治要求村民自我管理、自我教育、自我服务,自己管理社区的社会公共事务和公益事业,并且明确规定了农民参与村民自治的权利、制度和程序,不仅把农民从传统的政治受动者的角色推向了政治主动者的地位,而且还把农民从传统的政治生活的非制度化的参与者逐步改变为制度化的参与者。这样,有利于整合农村社会,促进农村社会的稳定,有效地改变农村社会的混乱局面,大大降低由于农民的分散和农村的混乱而急剧升高的政府与农民的交易成本,为乡镇政府行政权力从农村收缩铺平了道路。

第三,村民自治使广大农民对农村干部形成了有效的监督和制约,有助于提高农村干部的政治素质和业务素质,减少村干部的贪污腐化现象及村干部行为失范现象,融洽干群关系。由于村民委员会还承受着一定的乡镇政府的行政任务,在某种程度上还是政府的代言人,关系到政府在群众中的形象,而由村民自治带来的干群关系的融洽则树立了政府的良好形象,使政府的决策更容易得到贯彻执行,有助于降低政府的乡镇管理成本。另外,由于农村干部人数众多、分布地域广袤,政府对他们进行监督需要较高的监督成本,并且成效也极为有限。通过赋予农民对农村干部以广大的监督权,把千千万万的农民都变成了无所不在的监督者。这样,不仅节省了政府的监督成本,而且可以大大提高监督的成效,促进乡镇政府更好地为农民群众服务。

第四,广大农民在村民自治的实践中,创造了许多民主的新形式,大大丰富了我国社会主义民主的实践和理论,促使乡镇政府的改革更加合理化,更加符合人民群众的利益。如吉林省梨树县在选举村民委员会成员时采取的"海选法”，被国外学者看作是一种新的选举方式；山西省河曲县的“两票制”引起了国内外政治学界的极大关注等。同时，中国村民自治的影响已经开始扩展到乡镇政府了，如四川省遂宁市步云乡直选乡长的产生就是最好例证。村民自治的实施，有助于重新确立乡镇政府的合法性基础，改变以往乡镇政府对上负责而不对下负责的不合理现象，进而实现乡镇政府职能的合理转变。

三、现实运行中的村民自治及其影响

虽然制度上对村民自治进行了较为明确的规定，但是村民自治的实际运行情况远非制度设计中那么理想，现实运行中的村民自治还存在众多需要完善的地方，这在一定程度上会制约着乡镇政府职能的有效转变。

首先，乡镇政府与村民委员会的法定关系扭曲化。虽然《村民委员会组织法》明确规定了乡镇政府与村民委员会之间只是一种指导与被指导的关系，而非领导与被领导的关系。但是，由于受种种因素的限制，实际运行中的乡镇政府与村委会的关系很难达到法律规定的理想状态，常常处于不协调状态乃至冲突状态，这种冲突的外在表现就是村委会的“附属行政化”或“过度自治化”倾向。所谓“附属行政化”的倾向，是指村民自治在一定程度上名存实亡，乡镇政府仍把村委会当作自己直接的下属行政组织，沿用传统的领导方法进行指挥管理：或继续控制村委会的人事权，对经村民民主选举产生的干部随意调动、任免；或对属于村委会自治范围内的生产、经营等村务活动横加干涉，随意发号施令。这必然导致乡镇政府与民争利、党群干群关系紧张，久而久之必然产生严重的合法性危机。这种倾向在现阶段的农村比较普遍。所谓“过度自治化”的倾向，是指村民自治超出了法律规定的范围，村自治组织擅自作出不属于村自治范围的决定：或随意增加村民的非法定义务，违法限制村民的自由权利；或无正当理由，拒不接受乡镇政府布置的国家各项任务。“过度自治化”倾向的村民委员会通常会被一些宗族、黑恶势力所操纵。在宗族势力强大的一些农村地区，农民受狭隘的宗族观念影响，将本宗族代表选进村委会，维护其宗族利益，从而激化了不同宗族派系之间的矛盾，降低了民主选举和民主管理的质量。在一些农村地区也还存在黑社会性质的恶势力对村民进行威胁利诱，使自己的代表人物通过选举掌握村委会大权，以维护其非法经济利益，欺压百姓。这种现象已经在个别地方出现，不容忽视。这两种倾向都将严重制约着村民自治的健康发展和乡镇政府职能的有效转变。

其次，村级党组织与村民委员会的关系不够和谐。在村民自治的实践中，村级党组织与村民委员会的关系是一个更难以把握的问题。《村民委员会组织法》对此的规定是："中国共产党在农村的基层组织，按照中国共产党章程进行工作，发挥领导核心作用，领导和支持村民委员会行使职权；依照宪法和法律，支持和保障村民开展自治活动、直接行使民主权利。"党的领导核心作用在实践中到底如何体现仍是一个尚待解决的问题。许多党支部书记认为，坚持党的领导，在农村就是坚持党支部的领导，那么党支部书记就是村里的一把手，村委会主任应该听党支部书记的；而村民委员会主任认为自己是经过村民民主选举产生的，应该代表村民行使各种权利，为群众服务。我国农村很多地方由于长期以来都实行党支部"一元化"领导，现在这种惯性一直持续下来，大多数农村基本上是党支部书记当家，甚至村支书几乎包揽了村委会的全部工作。这些情况都造成了村民委员会与村党支部之间关系紧张、职责不清，二者之间纠纷矛盾不断，村民委员会难以发挥其作为农村自治组织的积极有效作用，最终使得乡镇政府职能转变缺乏充分的社会组织基础。

最后，村务公开、村民会议等重要制度形式化。村务公开是村民民主监督的基础和前提，其核心是财务公开，这是村民当家作主的真实体现。2018 年修订后的《村民委员会组织法》规定"村民委员会实行村务公开制度……一般事项至少每季度公布一次；集体财务往来较多的，财务收支情况应当每月公布一次；涉及村民利益的重大事项应当随时公布。"在村务公开的实际操作中，村务公开的核心——财务公开问题较多。村务公开形同虚设，村民的知情权得不到有效体现，致使村民民主监督重要途径之一的村务公开失去了核心，形成有名无实的局面。村民会议是村民自治中的最高权力组织，在村民自治中拥有最高决策权。村民委员会作为村民自治的常设工作机构和执行机构，凡涉及全体村民切身利益的事项，村民委员会都必须提请村民会议讨论决定，村民委员会对村民会议负责并报告工作。但是在运行中，不少地方的村民委员会与村民会议之间的关系发生错位，村民会议被架空，出现虚置现象。如一些地方的村民委员会不按规定召开村民会议；在涉及全体村民切身利益的事项上，视村民会议可有可无，擅自决定重大事项，凌驾于村民会议之上，导致行使自治权的主体由村民演变成了村民委员会，而村民委员会的权力又往往集中于村委会主任一人之手，村民自治变成了村委会少数人甚至是村委会主任的自治。同时，一些不具备召开村民代表会议条件的村，为了掩人耳目，以召开村民代表会议来代替村民会议，而村民代表往往只根据个人的认识发表意见，不能把广大村民的意见反映出来，实际决策权集中在少数几个人手中，违背了直接民主决策的立法原则。这样，村民的民主意识和民主能力没能有效培养起来，乡镇一级的民主权利维护的职责任务仍然相当艰巨。

第三章 治理理论:乡镇政府职能研究的新视角

第一节 治理理论的兴起

20世纪70年代末,一场质疑官僚制的有效性的政府改革运动在西方发达国家蔓延开来,各国开始重新调整国家与社会、政府与市场的边界,寻求政府、市场与社会的平衡发展成为各国政府改革的共同特征。进入90年代后,全球化、民主化以及分权化的社会发展趋势极大地改变了政府管理的生态环境,社会关系日益复杂多变,相互依存的程度不断加深,"政府、工商界和市民社会之间的合作正成为民族国家竞争力和国家繁荣的基本构成要素"。[①] 治理理论应运而生。作为一种崭新理论,其兴起既有社会发展客观需要的现实因素,也有社会科学发展内在规律作用的理论因素。

一、社会科学出现的某些范式危机促成了治理的产生

在理论层面上,治理理论与20世纪70—80年代社会科学出现的某些范式危机有关,而最主要的危机在于各个学科领域原有的范式已经不再具有足够的能力来解释和描述"现实的世界"。[②] 长期以来,许多学科研究陷入了过度简单化的二分法,如经济学中的市场对等级制、政治学中的私人对公共、政策研究中的市场对计划、国际关系中的无政府对主权等等。近年来,学术界对这种拘泥于二元对立的世界观批评迭起,在经过反省后,进而调整学科研

① Gilles Paquet:Governance through Social Learning,Ottwa:University of Ottawa Press,1999,p214.

② 吴志成著:《治理创新——欧洲治理的历史、理论与实践》,天津人民出版社2003年版,第2—3页。

究方向,把"治理"作为一个重要的研究课题。以制度经济学为例,人们如今对交换与等级制以外的协调经济活动的各种机制(如在企业集团、宗族、各种网络、行业协会以及各种战略联盟内部有组织的市场)日益感兴趣。在公共行政学领域,学者们所关注的协调方式不仅跨越了传统的公司界线,而且涉及"错综复杂的等级组织"、平行的权力网络或其他跨越不同级别政府层级和功能领域而形成的复杂的相互依存形式。从这些学科和其他学术体系的转变情况看,"治理"似乎被视为缺失了的"第三项",它对强调非此即彼的两分法既是批判又是补充。①

二、新自由主义思潮兴起促成了治理的产生

在20世纪最后二十年,随着经济"滞胀"的出现并恶化,哈耶克、弗里德曼和布坎南等人领衔的自由主义者重拾古典自由主义的教义,反对政府过度干预市场经济运行,并发展出了一整套关于"政府失灵"的理论,要求政府还权于市场和社会,人们称之为新自由主义。新自由主义思潮的实践表现以英、美两国为典型。70年代末80年代初,英、美两国大致面临着相似的发展困境。为了挽救英、美的经济和社会危机,撒切尔和里根彻底抛弃了凯恩斯主义,全盘接受并积极推行了一整套新自由主义政策,对英、美的经济社会进行了重大的结构调整和改革。以英国首相撒切尔夫人为首的保守党上台执政后,针对因地方政府包办一切公共福利事务而造成的效率低下和管理松弛的困局,在管理办法上采取由政府制定标准和目标,而后面向社会公开招标,鼓励私营企业及合作伙伴竞标承包。该方式的特点在于将原来由地方政府管理的职能,如各种公共服务的提供、公共项目的建设和管理,通过拟定契约、承包、招标和租赁等方式私有化。这种通过中间部门将先前由地方政府各专业部门承担的公共事务授权给私营公司和个人的做法,达到了减少国家财政赤字、大幅度削减政府预算、减小地方政府对经济活动控制的目的。与此同时,美国里根政府也受到新自由主义的影响,实施了"经济复兴计划",具

① [英]杰所普:《治理的兴起及其失败的风险:以经济发展为例的论述》,载俞可平主编:《治理与善治》,社会科学文献出版社2000年版,第56—57页。

体内容包括:一是实行了多次以减税为中心的税收改革;二是削减社会福利开支,逐年平衡预算;三是放松管制,减少国家干预;四是实施紧缩的货币政策,控制通货膨胀。

在撒切尔和里根推行新自由主义政策的十多年间,英国结束了长期的“滞胀”局面,经济开始增长,重新成为欧洲经济强国;美国经济也迅速好转,1983年底开始了连续六年的高速增长,特别是经过结构调整和改革,美国的产业结构完成升级换代,企业的国际竞争力显著增强。他们的成功也使得新自由主义在80年代达到顶峰,逐渐发展成为在西方政治、经济、社会发展中占据统治地位的政策。因此,新自由主义思潮的兴起及其实践表现无疑会促进治理理论的产生。

三、发展中国家政府面临的发展困境促成了治理的产生

20世纪七八十年代,由于各种内部原因和不能控制的外部原因,许多发展中国家积累了大量的外债。这种对外债务还本付息的负担大大超过了发展中国家的能力,也造成了发展中国家的资本净流出。随着对外偿债义务不断增加,发展中国家的宏观经济面临着严重问题:通货膨胀严重、政府赤字巨大、对外收支失衡。对此,西方债权国家和负有解决各国对外收支平衡问题责任的世界银行、国际货币基金组织等国际金融组织,为了提高这些国家偿还贷款的能力,以推动这些国家实现良好治理为目标,要求这些国家进行必要的改革,包括引入自由主义的市场经济、消除自由贸易的壁垒,以及推进与之相适应的社会政治结构的改革,如政治合法性、发展社会组织和提高行政效率等。

正如联合国社会发展研究所副所长所说的那样,“在这一点上,治理是一个十分有用的概念,它使国际金融机构(以及捐赠者)放弃经济主义,重新考虑与经济改革议程相关的关键性社会和政治问题。而且这样做的还有一个好处,就是可以避免与通常不愿贷款方对自己敏感的国内政治问题指手画脚的借贷国政府发生对抗。通过讨论‘治理’——而不是‘国家改革’或‘社会政治变革’,开发界的多变性银行和机构便可以就一个相对而言没有攻击性的论题用技术性

措辞来集中讨论敏感问题，而不致于让人认为这些机构越权干涉主权国家的内政。”[①]发展中国家的公共部门管理改革自然也就坚持了以治理和善治为指导原则和改革目标。

四、市场和政府的内在局限促成了治理的兴起

在资本主义早期，市场主体自由竞争，市场作为“看不见的手”，在社会资源的配置中发挥核心作用，政府只是“守夜人”的角色，只承担公共性社会事务的管理。但随着垄断资本主义的出现，市场调节无法解决垄断所带来的一系列问题，如供需失调、通货膨胀、环境污染、失业增多、贫富加剧等，也不能满足广大民众日益增长的对公共产品的要求，这些问题最终导致了资本主义经济危机的爆发。凯恩斯的国家干预主义应运而生并被资本主义各国政府所采用，政府从幕后走到了前台，在一定程度上成为社会资源配置的主体。国家政府因此被要求承担起调控经济运行以促进国民经济健康发展、确保社会公平以增进人民福利等许多职责，国家政府的职能由此而大大扩展。随着政府职能和规模的大幅度扩张，以及福利国家的过度发展，政府被视为“超级保姆”，政府职能的扩展和膨胀又压抑了市场在资源配置中的作用，不利于市场主体的自由竞争。此外，官僚体制不仅带来官僚主义，而且福利国家的政策使政府本身造成功能衰退和沉重的财政负担，政府已无力应付日益增多的社会公共事务和满足日益增长的社会需求。这样，就出现了市场和政府都不足以实现社会资源得最佳配置，即市场失效和国家不足的问题。

由于市场的失效和国家的不足，传统的政府—市场二分模式已经不能满足公共事务管理的需要，迫切需要寻找政府与市场以外的第三条道路来参与管理。而治理理念的提出正是在二者之间寻找适度的平衡，使市场和政府不再是水火不容的，而是重构市场与政府的关系，成为政府和市场的桥梁，避免任何两方的片面性。[②] 因此，鉴于国家的不足和市场的失效，“愈来愈多的人热衷于以

---

① ［法］辛西娅·休伊特·德·阿尔坎塔拉：《“治理”概念的运用与滥用》，载俞可平主编：《治理与善治》，社会科学文献出版社 2000 年版。

② 朱斯琴：《治理理念产生的背景及其启示》，载《内蒙古师范大学学报（哲学社会科学版）》，2005 年第 1 期，第 58—59 页。

治理机制对付市场和国家协调的失败。”①

五、全球化的冲击促成了治理的产生

“当第三次浪潮汹涌澎湃地席卷全球的时候,民族国家,这个第二次浪潮时代关键的政治单位,正受到像钳子一样上下压力的夹攻。……有一种力量试图把政治权力从民族国家向上转移到跨国和组织中去。”②随着全球化进程的不断发展,出现了大量的全球性问题,诸如日益严峻的全球环境恶化、人口问题、南北发展差距问题、国际恐怖活动和毒品犯罪、艾滋病问题、难民问题、全球金融危机等。面对如此大量且严峻的全球公共问题,任何一个国家既不可能置身事外,也不可能独自解决,因为全球公共问题的最大特征在于它的共同性与不可分割性。因此,在全球范围内利用各种政府的和非政府的国际组织和社团、正式的和非正式的国际条约和规制、组织或个人的力量,促进全球公共事务解决、实现全球公共治理,就显得十分必要而紧迫。即全球化打破了政府对公共事务管理的垄断,许多全球性的非政府行为主体以各种方式途径参与公共事务的管理,同政府分享公共权力和政治权威。

正如美国学者阿里·法拉兹曼得(Ali Falazmand)曾经描述全球化给公共行政带来的影响那样,“跨国公司的成长以及全球资本主义的扩张,已经使国家变得无足轻重……”“全球资本主义导致了超国家管理机构的出现,它们即便没有取代疆域性的民族国家,也成为民族国家的重要补充。”“全球性公司将创造一个超越民族国家的世界秩序,即一个‘地球村’、一个实行全球性治理的世界政府。”③因此,在全球化引发的重大社会变革中,最引人瞩目的变化之一就是社会政治过程的重心正在从统治转向治理。治理概念的引进和治理理论的兴起,正反映了这一社会客观现实需要和实践发展的成果。

---

① [英]杰所普:《治理的兴起及其失败的风险:以经济发展为例的论述》,载俞可平主编:《治理与善治》,社会科学文献出版社 2000 年版,第 71 页。

② [美]阿尔温·托大勒著:《第三次浪潮》,朱志森等译,生活·读书·新知三联书店 1983 年版,第 283 页。

③ [美]阿里·法拉兹曼得:《全球化与公共行政》,载《公共行政评论》,1999 年第 6 期。

六、民主化进程推动了治理理论的产生

民主作为一种国家理想，一直是各国追求的社会政治目标。民主化是我们这个时代的政治特征，也是人类社会不可阻挡的历史潮流。民主化的基本意义之一，就是政治权力日益从政治国家返还给公民社会。政府权力的限制和国家职能的缩小，并不意味着社会公共权威的消失，只是这种公共权威日益建立在政府与公民良好合作的基础之上。① 一方面，以公民社会不断发展和壮大为基础的治理过程，实际上也是国家权力向社会回归的过程，是一个还政于民的过程，是国家与社会关系的调整，是民主政治得以不断发展的过程。另一方面，治理表明国家与社会或者政府与公民之间的积极而有效的合作，这种合作成功与否的关键是参与政治管理的权力。公民必须具有足够的政治权力参与选举、决策、管理和监督，才能促使政府并与政府一道共同形成公共权威和公共秩序。显而易见，保证公民享有充分自由和平等的政治权力的现实机制只能是民主政治，这样，善治与民主便有机地结合了起来。②

但是，在早期的政治和行政理论中，理想型的官僚模式中的行政机构在统治过程中，应该遵循两条原则：政治中立和强制实施。即公共行政是政府机构对国家和社会公共事务进行的垄断性和强制性的管理活动。因此，民主几乎是一个仅仅与政治相关而与行政无涉的概念。公共行政不需要向社会负责，不需要对公众开放。于是公共行政就失去了民主政治的角色与公共特质，渐渐约化成只重视管理技术与量化方法，而忽视了对民主政治价值的捍卫。理论上被认为是国家主人的公民，必然会渴望行政管理公开化和参与决策与执行过程；而在实际运作过程中，公民始终是行政管理的对象，处于被管理和服从的地位。个人拥有的公民权利无法得到真正有效的体现。这样的现实与民主化的理念要求——尽可能实现社会的自主决策和自主管理的巨大反差使得倡导自主治理的治理理论得以兴起。③

---

① 俞可平：《作为一种新政治分析框架的治理和善治理论》，载《新视野》，2001年第5期，第38页。

② 俞可平：《引论：治理和善治》，载俞可平主编：《治理与善治》，社会科学文献出版社2000年版，第12页。

③ 曹任何：《合法性危机：治理兴起的原因分析》，载《理论与改革》，2006年第2期，第24页。

第二节　治理理论的基本内涵及其主要特征

一、不同角度的“治理”概念界定

“治理”一词最早出现在16世纪。当时，“法语gouvemance一词被启蒙哲学家作为开明政府与对市民社会的尊重相结合中所向往的一个要素。后来被译成英语governance，用于种种语境。”[①]英语中的治理一词原意是控制、引导、操作，而且长期以来与统治一词交叉使用，并且主要用于与国家的公共事务相关的管理活动和政治活动中。自从世界银行1989年在讨论非洲发展时首先提出“治理危机”(crisis in governance)以来，“治理”(governance)这个概念在学术界很快就流行开来，其含义也与“government(政府治理)”相去甚远。西方政治学和经济学家纷纷赋予治理以新的含义，用治理理念发展和完善各自的学科理论，使“治理”这一概念逐步发展演变成一个具有丰富内涵的包括治理、善治与全球治理等内容的“治理理论”。正如研究治理问题的专家鲍勃·杰索普指出的那样：“过去15年来，它在许多语境中大行其道，以致成为一个指涉任何事物或毫无意义的‘时髦词语’。”[②]学术界对治理作出了许多的界定和解释，詹姆斯·罗西瑙、罗伯特·罗茨、格里·斯托克、世界银行、全球治理委员会等学者和机构都有关于治理理论概念的新的界定，毛寿龙、俞可平等国内学者也都从不同角度对治理理论的概念进行了阐释，但是治理作为一种理论还没有一个公认的基本概念。

治理理论的主要创始人之一罗西瑙(J. N. Rosenau)在其代表作《没有政府统治的治理》和《21世纪的治理》等文章中明确指出：治理与政府统治不是同义语，它们之间有重大区别。他将治理定义为一系列活动领域里的管理机制，它们虽未得到正式授权，却能有效发挥作用。与统治不同，治理指的是一种由共

---

① ［法］让-皮埃尔·卡丹：《现代的治理，昨天和今天：借重法国政府政策得以明确的几点认识》，载俞可平主编：《治理与善治》，社会科学文献出版社2000年版，第280页。

② ［英］鲍勃·杰索普：《治理的兴起及其失败的风险：以经济发展为例的论述》，载俞可平主编：《治理与善治》，社会科学文献出版社2000年版，第55页。

同的目标支持的活动，这些管理活动的主体未必是政府，也无须依靠国家的强制力量来实现。

罗茨认为：治理标志着政府管理含义的变化，指的是一种新的管理过程，或者是一种改变了的有序统治状态，或者是一种新的管理社会的方式。接着他还详细列举了六种关于治理的不同定义。这六种定义是：① 作为国家的管理活动的治理，它指的是国家削减公共开支，以最小的成本取得最大的效益。② 作为公司管理的治理，它指的是指导、控制和监督企业运行的组织体制。③ 作为新公共管理的治理，它指的是将市场的激励机制和私人部门的管理手段引入政府的公共服务。④ 作为善治的治理，它指的是强调效率、法治、责任的公共服务体系。⑤ 作为社会控制体系的治理，它指的是政府与民间、公共部门与私人部门之间的合作与互动。⑥ 作为自组织网络的治理，它指的是建立在信任与互利基础上的社会协调网络。①

研究治理理论的另一位权威格里·斯托克对目前流行的各种概念作了一番梳理后指出，到目前为止各国学者对作为一种理论的治理已经提出了五种主要的观点。这五种观点分别是：① 治理意味着一系列来自政府但又不限于政府的社会公共机构和行为者。② 治理意味着在为社会和经济问题寻求解决方案的过程中存在着界限和责任方面的模糊性。③ 治理明确肯定了在涉及集体行为的各个社会公共机构之间存在着权力依赖。④ 治理意味着参与者最终将形成一个自主的网络。⑤ 治理意味着办好事情的能力并不仅限于政府的权力，不限于政府的发号施令或运用权威。政府可以动用新的工具和技术来控制和指引，而政府的能力和责任均在于此。②

世界银行（The World Bank）认为"治理"是"为了发展而在一个国家的经济与社会资源的管理中运用权力的方式"。③ 它把治理与健全管理联系在一起，认为有必要建立标准和规章制度，以便为公共事务的处理提供一个可靠而透明的

---

① [英]罗伯特·罗茨：《新的治理》，载俞可平主编：《治理与善治》，社会科学文献出版社 2000 年版，第 86—96 页。

② [英]格里·斯托克：《作为理论的治理：五个论点》，载俞可平主编：《治理与善治》，社会科学文献出版社 2000 年版，第 34—35 页。

③ World Bank：Governance and Development，Washington DC，1992，p3.

框架，而且要求掌权者报告他们的工作。在这方面，各国政府负有重大责任。良好的治理应该导致非政府机构，尤其是私营企业的参与。

经合组织（OECD）发展援助委员会扩展了世界银行的观点，认为治理就是“运用政治权威，管理和控制国家资源，以求经济和社会发展”。公共当局必须为经济单位的充分运作创造必要的环境。经合组织有意在穷国中提倡尊重法律、健全行政管理和廉洁负责的政府。经合组织的成员国有责任将对它们的发展援助与提倡和推行自由主义模式联系在一起。

联合国开发署（UNDP）则把治理定义为：治理是行使经济、政治和行政的权威来管理一国所有层次上的事务。它包括机制、过程和制度。公民及其各类组织在整个过程中表达利益、行使合法权利、承担其义务以及弥补他们之间的差异。[①]

20 世纪 90 年代中后期，国内学者也开始从政府管理的角度关注治理理论。最早一篇有关“治理”的文章是智贤先生的《Governance：现代“治理”新概念》，文中他将 Governance 翻译成“治道”，认为“治道”是关于治理公共事务的效能，驾驭经济发展的能力。[②] 在《西方政府的治道变革》中，毛寿龙先生在译介治理时指出：“英文中的动词 govern 既不是指统治（rule），也不是指行政（administration）和管理（management），而是指政府对公共事务进行治理，它掌舵而不划桨，不直接介入公共事务，只介入于负责统治与负责具体事务的管理之间，它是对于以韦伯的官僚制理论为基础的传统行政的替代，意味着新公共行政或者新公共管理的诞生，因此可译为治理。治道是在市场经济条件下政府如何界定自己的角色，如何运用市场方法管理公共事务的道理。治道变革指的是西方政府如何适应市场经济有效运行的需要来界定自己的角色，进行市场化变革，并把市场制度的基本观念引进公共领域，建设开放而有效的公共领域。”[③] 毛寿龙先生强调了企业经营技巧及市场导向的激励机制在政府管理中的应用。

俞可平先生从公民社会的角度来关注治理理论，认为“治理一词的基本含

---

① 转引自朱德米：《网络状公共治理：合作与共治》，载《华中师范大学学报》，2004 年第 2 期。

② 智贤：《Governance：现代“治道”新概念》，载刘军宁等主编：《市场逻辑与国家观念》，生活 · 读书 · 新知三联书店 1996 年版，第 55—56 页。

③ 毛寿龙、李梅、陈幽泓著：《西方政府的治道变革》，中国人民大学出版社 1998 年版，第 7 页。

义是指官方的或民间的公共管理组织在一个既定的范围内运用公共权威维持秩序，满足公众的需要。治理的目的在各种不同的制度关系中运用权力去引导、控制和规范公民的各种活动，以最大限度地增进公共利益。从政治学的角度看，治理是指政治管理的过程，它包括政治权威的规范基础、处理政治事务的方式和对公共资源的管理。它特别地关注在一个限定的领域内维持社会秩序所需要的政治权威的作用和对行政权力的运用。”[①]而从公共行政学的角度看，治理理论则强调一种多元的、民主的、合作的、非意识形态的公共行政。[②]“由民间组织独自行使或他们与政府一道行使的社会管理过程，便不再是统治，而是治理。治理和善治的本质特征是民间组织对社会公共事务的独立管理或与政府的合作管理。公民社会的发展必然直接或间接地影响治理的变迁。”[③]

在关于治理的各种定义中，被认为最具有代表性和权威性是全球治理委员会关于治理的定义，它于 1995 年在题为《我们的全球伙伴关系》的研究报告中出现：治理是各种公共的或私人的个人和机构管理其共同事务的诸多方式的总和，也是个人和制度、公共和私营部门管理其共同事务的各种方法的综合。它是使相互冲突的或不同的利益得以调和并且采取联合行动的持续不断的过程。在其中，冲突或多元利益能够相互调适并能采取合作行动。它既包括有权迫使人们服从的正式制度和规则，也包括各种人们同意或以为符合其利益的非正式制度安排。它有四个特征：治理不是一整套规则，也不是一种活动，而是一个过程；治理过程的基础不仅是控制，而是协调；治理既涉及公共部门，也包括私人部门；治理不是一种正式的制度，而是持续的互动。这一说法十分宽泛，把集体和个人层面、政治决策的纵横模式都包罗在内。

对治理的定义的罗列是无法穷尽的，但从以上关于治理的各种定义中，我们可以看到，由于研究者对治理概念界定的方式和范围不尽相同，而且对治理使用和阐释的角度和重点也有所差异。一些学者指出了治理的内涵和实质，而有的学者则通过对治理外延性特征的描述来界定治理的概念。至今，人们对治

① 俞可平主编：《治理与善治》，社会科学文献出版社 2000 年版，第 5 页。

② 张璋：《治理：公共行政的新理念》，载于人大复印资料《公共行政》，2000 年版第 3 期。

③ 俞可平：《中国公民社会的兴起与治理的变迁》，载俞可平主编：《治理和善治》，社会科学文献出版社 2000 年版，第 328—329 页。

理内涵仍然存在着很多种理解和诸多争议,这也正反映出了治理受到了人们的高度关注。虽然,各家学者从不同的角度对治理理论的界定各不相同,但是,从行政学的角度来看,我们可以说,治理是一种多元的、民主的、合作的、非意识形态化的行政模式,它抛弃了传统行政的垄断和强制性质,强调政府、企业和公民社会的共同作用,在相互依存的环境中分享公共权力,共同管理公共事务的过程。这是一种以公共利益为目标的社会合作过程,国家在这一过程中起到了关键但不一定是支配性的作用。

二、治理与统治的区别与联系

"治理"(governance)与"统治"(government)从词面上看似乎差别并不大,但其实际含义却有很大的不同。在不少学者眼中,区分治理与统治两个概念甚至是正确理解治理的前提条件。正如让-彼埃尔·戈丹(Jean-Pierre Gaudin)所说,"治理从头起便须区别于传统的政府统治概念。"①治理作为一种政治管理过程,也像政府统治一样需要权威和权力,最终目的也是为了维持正常的社会秩序,这是两者的共同之处。但二者也至少存在以下几个方面的区别。

首先,治理与统治最根本的甚至可以说是本质性的区别就是,二者的权威来源不一样。统治需要的权威一定是来自政府行政权威,而治理的权威并不一定是来源于政府机关,可以是其他民间社会组织或个人。统治的主体一定是政府组织,而治理的主体可以是政府机构,也可以是私营机构或者是民间社会组织,还可以是政府组织和私营组织、民间社会组织的合作。治理是政治国家与公民社会的合作、政府与非政府的合作、公共组织与私营组织的合作、强制与自愿的合作。治理"不再是监督,而是合同包工;不再是中央集权,而是权力分散;不再是由国家进行再分配,而是国家只负责管理:不再是行政部门的管理;而是根据市场原则的管理;不再是由国家'指导',而是由国家和私营部门合作。"②因此,可以没有政府的统治,但却不能没有治理。

---

① [法]让-彼埃尔·戈丹:《现代的治理,昨天和今天:从法国政府政策得以明确的几点认识》,载《国际社会科学杂志》(中文版),1999年2月。

② [瑞士]弗朗索瓦-格扎维尔·梅理安(Francois-Xavier Merrien):《治理问题与现代福利国家》,载《国际社会科学杂志》(中文版),1999年2月。

其次，治理和统治过程中权力运行的向度不一样。政府统治的权力运行方向总是自上而下的，它运用政府的政治权威，通过发号施令、制定政策和实施政策，对社会公共事务实行单一的自上而下的管理。治理则是一个双向的上下互动的管理过程，它主要通过合作、协商、伙伴关系、确立和认同共同目标等方式实施对公共事务的管理。治理的实质在于建立在市场意识、公共利益和多方认同之上的合作。它所拥有的管理机制主要是依靠合作网络的权威，而不是政府的权威。

再次，治理和统治的范围不同。政府统治所涉及的范围就是以国家领土为界的民族国家，一个国家的政府统治如果超越了自己的领土，而延伸到其他国家，那就是对其他国家主权的侵犯，是违反国际法的行为。人类迄今为止还没有产生凌驾于主权国家之上的、对各国政府和公民具有强制性约束力的世界政府，因而也就不可能有世界范围内的政府统治。但就治理的空间范围来说，既可以是特定领土界限内的民族国家，也可以是超越国家领土界限的国际领域，还可以是一个社区等，因此，治理所涉及的对象比统治宽泛得多。

最后，治理和统治所需权威的基础和性质不同。统治的权威主要源于政府的法规命令，特点是以强制为主；治理的权威则主要源于公民的认同和共识，特点是以自愿为主。即使没有多数人的支持和认同，政府统治照样可以发挥其作用；治理则不一样，治理必须建立在多数人的共识和认可之上，没有多数人的同意，治理就很难发挥真正的效用。罗西瑙就指出，“治理是只有被多数人接受（或者至少被它所影响的那些最有权势的人接受）才会生效的规则体系；然而，政府的政策即使受到普遍的反对，仍然能够付诸实施。……因此，没有政府的治理是可能的，即我们可以设想这样一种规章机制：尽管它们未被赋予正式的权力，但在其活动领域内也能够有效地发挥功能。”①

三、治理理论的主要特征

通过以上对“治理”概念的多角度解释，特别是对治理和统治的比较，我们

① 罗西瑙：《世界政治中的治理、秩序和变革》，载罗西瑙等主编：《没有政府的治理》，张胜军、刘小林等译，江西人民出版社2001年版，第5页。

认为治理理论具有如下一些明显特征:

第一,治理主体的多元化。治理理论强调,治理不单是政府治理,而是国家与社会共同治理,政府并不是国家唯一的公共权力中心。各种机构和组织,不管它是公共部门还是私营部门,只要行使的权力得到公众认可,就可能成为不同领域、不同层面上的权力中心。因此,治理主体既包括政府,但又不限于政府,包括所有社会公共部门和私人部门的行为主体。

第二,公共责任界限的模糊性。在传统公共行政范式下,政府理所当然是公共事务管理的承担者。但是,在现代社会,国家正在把原先由它承担的责任转移给公民社会,即各种私人部门和社会民间组织,后者在承担越来越多的原先由国家承担的责任,模糊了政府与社会、政府与市场以及公私机构之间的界限和责任,不再坚持国家职能的专属性和排他性,从而强调了国家与社会组织间的相互依赖关系。因此,治理理论认为在为社会和经济问题寻求解决方案的过程中存在界限和责任方面的模糊性。

第三,公共权力间的相互依赖性。治理理论认为,在多元化的治理主体之间存在着广泛的权力依赖关系。所谓权力依赖,是指参与公共活动的各个组织,无论是公营组织还是私营组织,都不拥有充足的能力和资源来独自解决一切问题。它们必须相互依赖,进行谈判和交易,在实现共同目标的过程中实现各自的目的。治理理论还指出,由于存在权力依赖关系,治理过程便成为一个互动(interact)的过程。在这种互动过程中,政府与其他社会组织建立了各种各样的合作伙伴关系。这些伙伴关系大致分为三种:① 主导者与职能单位的关系;② 组织间的谈判协商关系;③ 系统的协作关系。[①]

第四,建立自主自治的网络体系。治理主体的多元化、多元主体之间的权力依赖与合作伙伴关系,表现在运行机制上,最终必然形成一种自主自治的网络。这一网络要求参与公共事务的各种主体,为了获取他人支持和帮助而放弃自己的部分权利,依靠各自的优势和资源,通过对话来增进理解,确立共同目标,相互信任,相互支持并共同承担风险,最终建立一种公共事务的管理联合

① 沈荣华、周义程:《善治理论与我国政府改革的有限性导向》,载《理论探讨》2003年第5期,第6页。

体。这种联合体的特征是自主合作而不是命令服从；是权力在纵向和横向上的同时分散而不是集权；是追求共同利益的多元化和多样化而不是一致性和普遍性。①

第五，政府作用方式手段的变化。治理理论认为，目前公共行政的性质已经不适应时代发展的要求，必须要求改革政府，实现某种程度上的治理。在政府完成社会职能的手段和方法方面，政府除了采用原来的手段之外，还可采用新的管理方法和技术，以提高效率，更好地对公共事务进行控制和引导。治理理论作为一种新公共管理方法，是在对政府、市民社会与市场的反思及西方政府改革的浪潮中产生的，治理理论不单单强调政府与市场的协调与合作，更重要的是寻求政府、社会与市场三者之间的合作与互动，寻求的是一种通过调动各种力量和资源达到"善治"。②

第三节　治理理论追求的目标——善治

一、善治强调民主价值和效能价值的统一

政府治理的最高境界即所谓的"善治"，这一术语的英文为 good governance（可直译为"良好的治理"）。在善治的理念和制度架构下，公开、透明、民主、参与成为推进政务和进行行政管理的必要前提，依法、公平、公正成为行政组织及其工作人员的行为准则和价值目标，知情权、参与权、选择权和监督权成为一般民众当然的和现实的法定权利，政府及其工作人员与一般民众的关系表现为相互尊重、制约和信赖。③ 所谓善治就是使公共利益最大化的一种社会管理过程。善治的本质特征就在于它是政府和公众对公共生活的合作管理。善治实际上是政治国家与公民社会的一种新颖关系，是两者的最佳状态。④

---

① 李俊清：《论乡村公共权力体系的改革与完善》，载《晋阳学刊》，2007 年第 1 期，第 21 页。

② ［英］格里・斯托克：《作为理论的治理：五个论点》，载俞可平主编：《治理与善治》，社会科学文献出版社 2000 年版，第 42 页。

③ 黄健荣著：《公共管理新论》，社会科学文献出版社 2005 年版，第 284 页。

④ 俞可平：《引论：治理和善治》，载俞可平主编：《治理与善治》，社会科学文献出版社 2000 年版，第 8 页。

“善治”最先是世界银行提出的口号，并且成为世界银行向第三世界国家贷款政策的主导原则。世界银行在名义上虽然受到其章程关于不得将非经济因素加以考虑的明确禁令的限制，只能关注“技术问题”，但是世界银行在治理的名义下所关注的问题，由于受到其在非洲的经验的影响，已经不再简单地是技术和管理问题了。世界银行在1989年的报告《撒哈拉以南的非洲：从危机到可持续发展》中，除了延续着作为早期报告特征的对正确经济政策的关心外，它宣称在非洲发展问题的反复出现的下面是“治理”的危机。该报告指出：这个地区要创造“多元制度结构”的“政治革新”，“历史表明：政治合法性和共识是可持续发展的先决条件。”非洲经济表现最好的两个国家——博茨瓦纳和毛里求斯都有着“有效的议会民主”。[①] 所谓“治理危机”，其中心议题更明显是政治性的，它关注合法性、参与、多元主义、新闻自由和人权，这些问题已经成为世界银行解释非洲目前危机的关键因素。“善治”的改革目标被世界银行随之提出。

世界银行曾经详细地阐释道，善治的含义包括：① 公民安全得到保障，法律得到尊重，特别是这一切都须通过司法独立亦即法治来实现；② 公共机构正确而公共地管理公共开支，亦即进行有效的行政管理；③ 政治领导人对其行为向人民负责，亦即实行职责和责任制；④ 信息灵通，便于全体公民了解情况，亦即具有政治透明性。

“善治”涉及：“一种有效率的公共服务、一种独立的司法体制以及履行合同的法律框架；对公共资金进行负责的管理；一个独立的、向代议制的立法机构负责的公共审计机关；所有层次的政府都要遵守法律、尊重人权；多元化的制度结构以及出版自由。”[②]莱福特维奇把善治区分为三个组成部分：系统意义的、政治意义的和行政管理意义的。系统意义上的治理在用法上比政府管理更广，涵盖了“内部和外部所有的政治经济权力的分配”。治理在政治上的用法指的是“一个从民主授权机制中获得合法性和权威的国家。”治理在行政管理上的用法指的是“一种有效率的、开放的、负责的并且被审计监督的公共服务体系，它拥有

① ［英］大卫·威廉姆斯，汤姆·杰克逊：《治理、世界银行与自由主义理论》，载俞可平主编：《治理与善治》，社会科学文献出版社2000年版。

② ［英］罗伯特·罗茨：《新的治理》，载俞可平主编：《治理与善治》，社会科学文献出版社2000年版，第91页。

一支有能力的官僚队伍,后者有利于制定和执行合理的政策,管理所有现存的公共部门。"[①]同时,为了实现公共服务的高效率,世界银行主张鼓励竞争、引入市场机制、国有企业私有化、裁减冗员、改革公务员制度、引入预算规则、公共行政非中心化、充分利用民间组织等等。总之一句话,对自由主义民主的倡导者而言,"善治"需要与新公共管理密切结合在一起。[②] 这样,治理和善治理论既体现了人类追求政府效能的要求,也体现了人类追求民主生活方式的要求,二者较为和谐地共存于治理之中。多中心、分散、委托一代理行为经常化、公司合作等民主化要求,在善治的视野中也就成了追求公共产品供给的高效能的手段和工具。[③]

迈克尔·巴泽雷把善治归结为"公民价值体现"。它与传统官僚制范式不同,它更多地体现为对公民集体价值这一问题做更多的调查、更明确的讨论、更有效的商榷,暗示了社会自治的要求和能力。[④] 罗茨则从过程的角度描绘了善治的愿景。他认为,只有将市场的激励机制和私人部门的管理手段引入政府的公共服务,从而建立以信任和互利为基础的社会网络,形成政府与民间、公共部门与私人部门之间的互动,才能真正形成善治的形式。

因此,作为善治的治理从本质上说就是使公共事务所覆盖的公共利益最大化的社会管理过程,其最大的特点在于强调政府和社会对公共事务的共同治理。其将私人部门的管理理念和公共部门的管理观念相融合,既"强调公共部门的公共服务使命,又采用私人部门的'良好的实践'中的质量管理思想。它赋予新型的公共部门——它们既与以往旧的公共组织决裂,又保留了明确的认同感和目标使命——以合法性。"[⑤]即它不仅关注将市场的激励机制和私人部门的管理手段引入政府公共部门,而且重视社会组织的发展,强调非市场力量的凝

① [英]罗伯特·罗茨:《新的治理》,载俞可平主编:《治理与善治》,社会科学文献出版社 2000 年版,第 91 页。

② [英]罗伯特·罗茨:《新的治理》,载俞可平主编:《治理与善治》,社会科学文献出版社 2000 年版,第 91 页。

③ 曹任何:《合法性危机:治理兴起的原因分析》,载《理论与改革》,2006 年第 2 期。

④ [美]迈克尔·巴泽雷著:《突破官僚制:政府管理的新愿景》,孔宪遂译,中国人民大学出版社 2002 年版,第 133 页。

⑤ 陈振明编:《政府再造——西方"新公共管理运动"述评》,中国人民大学出版社 2003 年版,第 37 页。

聚。治理理论关注社会合意性、倡导民主价值、致力于国家与社会关系的调适，强调政府不仅仅是“市场式的政府”，而应该是“社会共同治理”型的政府。因此，治理和善治理论既强调服务效率的提高，也重视服务行为的公正性，即表现出了对管理主义和民主理念的双重关注。

二、善治的基本要素分析

善治作为人类社会管理公共事物的理想模式，是政府与公民社会对公共生活的合作管理使社会公共利益最大化的政治管理过程。综合各家在善治问题上的观点，俞可平教授将善治的基本要素总结如下①：

(1) 合法性(legitimacy)，它指的是政治学含义上的合法性，即社会公众自觉认可和服从社会秩序和权威的性质和状态。它与法律角度的合法性不同，从法律的角度看符合法律规范的东西，并不必然具有政治学上的合法性。只有那些被一定范围内的人们内心所承认的权威和秩序，才具有政治学含义上的合法性。要提高社会善治的程度，必须增大合法性。取得和增大这种合法性的途径，只能依靠不断增加社会公众的共识和政治认同感。所以，善治要求相关的管理机构和管理人员最大限度地协调公民个人之间以及公民与政府之间的利益矛盾，最终达到公共管理活动取得公民最大程度的同意和认可的目标。

(2) 法治(rule of law)，它强调人民主权和法律的统治，反对个人的专横独裁或者少数人的恣意妄为。它坚持法律的至高权威，主张法律面前人人平等，反对法律之外和法律之上的特权。现代法治的精髓在于，法律不是用以限制人的，恰恰相反，法律的出发点是保护人。善治过程中法律是公共政治管理的最高准则，在法律面前人人平等。法治的直接目标是规范公民的行为，管理社会事务，维持正常的社会生活秩序；但其最终目标在于保护公民的自由、平等及其他基本政治权利。因此，法治与法制显著不同，法治与人治相对立，法治既规范公民的行为，更制约政府的行为；而法制并不能具有这种价值特性，并不必然与人治必然对立，可能会出现“人治底下的法制”。法治是善治的最基本要求，没有对法律的充分尊重，没有建立在法律之上的社会秩序，便不会有善治。

① 俞可平著:《民主与陀螺》,北京大学出版社 2006 年版,第 84—86 页。

(3) 透明性(transparency),它指的是政府政治信息的公开、透明。作为权利的最终拥有者,每一个公民都有权利获得与自己的利益相关的政府政策的信息,包括立法活动、政策制定、法律条款、政策实施、行政预算、公共开支以及其他有关的政治信息。透明性就是要求政府机构及相关部门必须及时通过各种传播媒介把相关政治信息传递给社会公众,以便公民能够及时了解和有效参与公共决策过程,并且对公共管理过程实施有效的监督。政治信息越能被社会公众所知晓,政府的善治程度也愈高。

(4) 责任性(accountability),它指的是人们自己行为负责的程度。在公共管理中,它特别地指与某一特定职位或机构相关的职责及其相应的义务。责任性意味着管理人员和管理机构在承担某一特定职务后必须履行一定的职能和义务,进而对自己的所作所为负责任。没有履行或不适当地履行它应当履行的职能和义务,就是失职,也就是缺乏责任性。公众特别是政府工作人员和管理机构承担的责任性越大,表明善治的程度越高。法律和道义的双重力量的充分发挥,将有助于增大个人和机构的责任性。

(5) 回应(responsiveness),回应在一定程度上可以说是责任性的延伸。如果管理人员和管理机构具有了责任性,当他们在面对公民的各种要求的时候,就一定会作出及时的和负责的反应。因此,回应就意味着公共管理人员和管理机构必须对公民的要求作出及时的和负责的反应,不得无故拖延或没有下文,而且在必要的时候还应当适当地、主动地向公民征询意见、解释政策和回答问题。回应性越大,表明善治的程度越高。

(6) 有效(effectiveness),这里主要指管理的效率,强调做事的方式一定要正确。它有两方面的基本意义,一是管理机构设置合理,管理程序科学,管理活动灵活,为管理机构和人员以一种正确的方式做事提供保障;二是在投入和产出的比例上,必须要实现以一定量的投入获得最大的产出,或者在保持既定产出的基础上,最大限度地减少投入成本。善治概念与无效的或低效的管理活动格格不入。善治的程度越高,管理的有效性也就越高。

(7) 参与(civic participation/engagement),这里的参与既包括公民的政治参与,也包括公民对其他社会生活的参与。政治参与是根本基础,其他社会生活的参与是重要途径。公民特别是利害相关者在参与决策的过程中,可以充分发表自己的意见和建议,正确理解相关政策的实质内容,有利于提高公民权威和秩序的认同程度,主动自愿参与合作。这种公民参与各种社会生活的过程,实质上就是政府与公民之间形成良好合作,共同管理社会公共事务的过程。而善治实际上就是国家的权力向社会的回归,善治的过程就是一个还政于民的过程。因此,公民参与程度的高低,会在很大程度上影响和制约着善治程度的提高。

(8) 稳定(stability),稳定意味着整个社会系统处于正常有序的运行状态,其各个组成要素之间保持均衡的、协调的、可持续的发展,如国内和平、社会有序、居民安全、公民团结、公共政策具有连贯性等。没有一个稳定的社会政治环境,经济的高速发展和民主政治的追求只能是一句空话。特别是对于发展中国家来说,社会稳定更具有重要的意义。因为发展中国家相对于发达国家来说,经济比较落后,制度化程度低,社会的不稳定因素尤其突出。所以,稳定程度的高低也是衡量善治程度的重要指标。

(9) 廉洁(cleanness),主要指政府官员在政治活动中依法办事,不利用公共权力谋取私利,不滥用权力,不以公共权力满足个人私欲。直观上理解,廉洁就是指政府官员的不腐败。严重的腐败不仅会增加交易成本,增大公共支出,打击投资者的信心;而且会破坏法治,腐蚀社会风气,损害社会的公正,引发官民关系、党群关系、干群关系的对立,导致合法性下降。所以公共权威的廉洁直接关系到治理的状况。

(10) 公正和包容(justice),它主要是主张不同性别、年龄、阶层、种族、文化程度、宗教和政治信仰的公民在政治权利和经济权利上的平等。经济和社会发展应当以人为本,促进公平的、协调的、可持续的人类发展,体现在社会政策上就是要致力于减少贫富两极分化,保护弱势群体利益,消除歧视性待遇,促进机会平等等。社会公正和社会政策的包容性是善治的重要内容。

三、治理和善治理论的学术价值和适用性

治理和善治理论作为一种新的政治分析框架,它包含了当前正在兴起的制度分析、经济分析和文化分析等方面的许多内容,理论上也涵盖了新公共管理理论、公民社会理论和政府发展理论等,在相当程度上克服了其他方法的缺陷。

治理和善治理论包含有许多值得借鉴的理论资源和政策参考的价值。正如何增科先生认为，“治理和善治理论作为一种分析框架，对于研究、总结和展示我国改革开放以来政治发展的成就极为有用。”①徐勇教授也认为：“尽管治理是在西方社会语境下发展并被赋予不同含义，但作为一个政治学的分析概念对于中国的政治发展也有其独到价值，只是我们必须将这一词汇放在中国特定的历史进程中加以考察。”②

但是，我们在引入和借鉴治理理论时，决不能毫无选择地吸收和运用，我们必须考虑治理理论对于中国的适用性问题。③ 第一，治理理论具有强烈的自由资本主义意识形态。治理理论虽然主要是一种公共管理理论，但具有强烈的意识形态倾向，这就决定了我们在借鉴治理理论时，必须要有所鉴别，有所抉择。治理理论最初应用于发展经济学和政治学，与第三世界的政治发展相联系。世界银行为推行“良好治理”的框架，以所谓的“公道、正义、自由、司法独立、尊重人权、廉洁高效”等为基准，在资金扶持、贫困开发、环境整治、技术引进、文化保护等方面，要求发展中国家进行“良好治理”式的变化，最终给发展中国家带来了灾难性的后果。

第二，治理理论的产生以比较完善的市场经济为基础。治理理论从发达国家拥有比较完善的市场经济的现实出发，主张限制政府的职能和作用，这种理论倾向往往不能适用于发展中国家的现实需求。治理理论产生于西方发达国家，它是对于福利国家所产生的弊端的一种反动和纠正，其所主张的协商式民主、权力的多主体、多中心、回应性、互动性等对于发展中国家并不能很好地解决发展中国家本身所面临的问题。处于不同发展阶段的社会里，由于所面临的经济和社会发展的任务不同，这就决定政府的作用和职能也并不相同。对于许多正处于发展时期的国家来说，为社会发展作出关键性决策的依然是政府；在日常公共事务的多元治理格局中，政府依然是其他社会力量难以替代的最大权威组织。对此，奥斯特罗姆指出，“多中心政治体制能够存在的可能性并不妨碍

① 何增科：《治理、善治与中国政治发展》，载《中共福建省委党校学报》2002年第3期，第16—19页。

② 徐勇：《治理转型与竞争—合作主义》，载《开放时代》2001年第7期，第26—33页。

③ 李风华：《治理理论：渊源、精神及适用性》，载《湖南师范大学学报》2003年第3期，第49—51页。

单中心政治体制能够存在的可能性。每一个可能性都取决于概括每个体制的重要的定义性特质，并说明这些定义性。而主要是单中心的政治体制也不一定妨碍这一可能性，即在这样的组织体制中可能存在着一些多中心的因素。”[①]因此，发展中国家必须要正视自己面临的现实需求，谨慎借鉴各种治理模式和方法。

第三，治理理论特别重视以个人主义为基础的契约合作观念。治理理论的根本精神是契约观念，这种精神深深地蕴藏在西方以平等自由权利为核心的公民文化之中。而中国的传统文化强调的是集体主义的平均观念，我们在引进和借鉴治理理论的过程中必须要进行消化吸收，决不能照搬照抄。由于长期的封建统治的影响，我国传统的政治文化与这种模式所要求的那种政治文化相差甚远。虽然我国在改革开放以来，平等自由的契约精神逐渐为人们所接受，但是，传统的臣民意识、零和博弈的思维模式、平均主义的倾向仍然在很大程度上影响着人们对政治活动的参与。因此，在将治理理论应用于中国的现实环境中的时候，我们应该要充分吸取其适用成分。总之，我们在借鉴治理理论的过程中，不能忽视社会发展平台的历史性差异。[②]

第四节　治理理论为乡镇政府职能转变提供了新视角

治理理论作为当今社会科学界最热门的前沿理论，对我国乡镇政府的职能转变具有重要的指导价值，具体表现在以下几个方面：

一、治理理论强化了乡镇政府职能定位的平衡性特征

治理理论对于民主价值和效能价值的同时关注，强化了乡镇政府职能定位需要同时重视政治职能和服务职能，保持二者的平衡。众所周知，公平和效率是人类社会追求的最高境界和最佳状态，马克思主义科学社会主义理论就是寻

① [美]迈克尔·麦金尼斯著：《多中心体制与地方公共经济》，毛寿龙译，上海三联书店2000年版，第72页。

② 孔繁斌：《治理与善治制度移植：中国选择的逻辑》，载《马克思主义与现实》2003年第3期，第61页。

求公平与效率的完美体现。但是，在现实中真正实现这种理想状态，其道路遥远而艰难。人们只能在二者之间找到一个相对的平衡点。从现实政治发展进程看，由于种种主观和客观的原因，在较大范围实现公民政治参与权和管理权的平等都没有实现，即使在民主化程度很高的国家也是如此。而治理理论追求的善治状态，一方面可以在现实可能的范围内，通过自主治理，尽可能实现社会公正，维护民主权利。另一方面，通过在公共领域引入市场机制，实现最大效率。在这里，政治民主化、社会公平、政府效率等政治理想和社会价值目标，都在一定程度上找到了切实可行的现实途径。

而且，当代众多的工业化民主国家都在最大限度地提高社会公众的满意度，在提高公共服务效率的基础上提高服务质量，强调产出价值，注重反映使用者（而不是一般的顾客）的愿望、要求和利益，强调公民主权理念和公民参与，通过效率与民主的平衡来实现政府公共服务的目标。但是，在一些国家地方政府改革中，也出现了只重视政府的管理角色而忽视政治角色的倾向，片面强调商业运行的思维，强调民营化，强调效率和标准化，而政治角色和责任被置于一边。现在有越来越多的学者开始呼吁政府不是商业组织，需要代表公共利益、承担公共责任，政府必须保持政治角色和管理角色平衡。因此，乡镇政府在定位其职能内容的过程中，必须要同时兼顾对民主价值和效能价值的关注，应该同时具备政治统治职能——维护民主权利和社会管理职能——供给农村公共产品，二者不可偏废。

二、治理理论强调了乡镇政府政治职能实现的民主性特征

民主化作为世界各国追求的社会政治目标，我国乡镇政府的建设当然也要以民主政府为目标。民主政府的理念认为：政府的权力来源于人民的授予，社会经营权的主体是人民；社会的权利由多元的支配者相互控制与限制，并为其负责；政府的权威来源于政府与公众之间制度化的对话；政府的职责不在于控制和管理，而在于掌舵和服务；政府的行为不应以自身的需要为导向，而应以公众或者消费者的需要为导向。政府治理的过程并不是政府单方面行使权力、提供产品、维持管制、解决社会问题的过程，更重要的是政府与市场、政府与社会、政府与公民之间的互动过程。治理理念也正是与现代民主社会强调的平等、自

由、开放、法治、透明等要求相适应的社会进步的一个表征,其理论和行为模式已经成为现代社会行政改革的共同目标。它之所以是一种新的管理理念和过程,在于其运行过程中呈现出明显不同于以往统治的新特点:治理理论的提出打破了原来传统的公共与私人、国家与市场的两分法,模糊了国家与市场、政府与社会之间的界线,在管理的主体、方法、职能等方面都作了扩展,使人们能够以一种更为灵活的互动论视角,从政府、市场、公民、社会的多维度、多层面上观察和思考问题。而且,治理理论强调,只有在民主合作的基础上,才能最终实现"善治"正如俞可平先生所言,"专制政治在其最佳的状态下,可以有善政,但不会有善治。善治只有在自由民主政治的条件下才能真正实现,没有自由民主善治便不可能存在"。

同时,治理和善治理论认为治理公共事务是一个上下互动的过程,它通过共同协商、良好合作、确立共同目标等方式实现。"善治"的本质在于实现公民的利益、权利和价值,因而公民不仅是公共物品和服务的"消费者",更应是公共物品和服务的监督者。从这个角度讲,公民必须参与管理,因为只有公民才最了解自身的公共需要,只有吸收公民参与决策和管理,广泛听取民意和集中民智,才能调动积极性,发挥集体智慧,进而提高公众满意度。从另一角度讲,公民也只有在参与管理中才能体现自身的主人翁地位,因此,公共管理机构与管理人员必须对公民的要求做出及时的、负责任的反应,主动向公民征求意见、解释政策、回答问题。因此,在实现乡镇政府职能的过程中,需要顺应现代治理的要求重视乡镇政府政治角色的内容——促进基层民主政治建设。在乡镇一级构建多元的民主合作机制,扩展乡村人民民主参与乡镇政治的渠道,使之有足够的政治权力参与到乡政的选举、决策、管理和监督等诸多层面和各种事务当中,使国家与乡村民间社会在乡镇社区治理中达成全面、积极和有效的合作。

三、治理理论突出了乡镇政府服务职能实现的竞争性特征

对公共物品提供和生产的区分,是治理理论制度创新最为关键的一环。国内有学者分析到,一方面,政府出于政治、法律和道义的责任,考虑到市场的外部缺陷,须对保证国计民生和社会持久发展的纯公共物品和准公共物品予以提供;同时通过政府内部市场化和准商业化制度的设计,引入市场竞争机制,力图

修正由政府独家垄断而造成的外来压力缺少、成本控制匮乏和服务品质低下的问题，以提高政府公共物品和服务提供的效率；另一方面，政府提供某类公共物品，并不等于生产此类公共物品的责任也必须由政府或公营部门自身来承担，政府可以借助市场和社会组织的优势与能力来市场这些公共物品。政府可通过订立契约、补贴、税收政策等手段将一部分公共物品和公共服务的生产让渡给社会组织和民营组织承担，以其成本、技术和竞争优势，为公众提供更有效率、品质更高的物品和服务，同时也降低了政府与公营部门的支出规模，最终形成公民自主服务与民营、政府服务相结合的、多中心的公共事务管理体系。①

政府掌舵而不划桨，政府授权而不必躬亲。政府职能转变中的一项主要内容就是改变政府的传统做事方式，从而实现更高效的公共服务和公共产品。为此要确立行政参与、民营化或商业化、公共部门与私人部门的伙伴关系等新的公共理念，通过政府生产性职能的转移，通过社会责任的共同承担，通过契约化和外部承包，通过行政授权等多种形式，让民间力量释放出来，整合民间不同领域的力量，充分利用民间资源为社会发展服务。在具体方式上，通过市场机制在公共服务领域的运用，通过合同出租、合营化等各种灵活多样的方式，来实现政府公共职能。我国应该接受治理理论的一些理念，明确公共生活领域权力主体多样化的现实，同时，灵活运用行政指导、行政合同、行政规制、行政许可以及各种经济法律的手段实现公共职能，以最低的成本求得最大效益的收获，最大限度地满足人民的公共需要。因此，乡镇政府在实现其供给农村公共产品的过程中，应该借鉴治理理论中多元化的理念，突出乡镇政府职能实现的竞争性。

四、治理理论加强了乡镇政府职能实现保障的综合性特征

20世纪90年代以来，随着经济全球化和世界多极化的发展，作为反映发达国家政治治理和行政管理的新趋势的治理和善治理论，引起了全社会的广泛关注。治理和善治理论强调，政府和国家机器治理国家和社会的方式正在经历着由统治向治理的一个过渡。并且，治理和善治理论“打破了社会科学中长期存在的两分法传统思维方式，即市场与计划、公共部门与私人部门、政治国家与公

① 孙柏瑛：《当代政府治理变革中的制度设计与选择》，载《中国行政管理》2002年第2期，第20页。

民社会、民族国家与国际社会,它把有效的管理看作是两者的合作过程;它力图发展起一套管理公共事务的全新技术;它强调管理就是合作;它认为政府不是合法权力唯一源泉,公民社会也同样是合法权力的来源;它把治理看作是当代民主的一种新的现实形式。"①

同时,我国乡镇政府职能转变也正好发生在"市场化"经济体制改革和"民主化"政治体制改革的整个过程中,既涉及国家宏观经济制度和政治体制的改革,并且受制于整个国家行政体制改革和政府职能转变的快慢,还涉及诸多现实和潜在乡村利益关系的调整,乡村治理结构和资源配置的调整。因此,推进乡镇政府职能转变不是一个简单的、单方面的行动,而是一个"牵一发而动全身"的错综复杂的系统改革。在治理和善治理论这种新的理念的指导下,乡镇政府职能内容定位和实现方式有了新的发展,为了确保乡镇政府职能转变得以顺利实现,我们必须进行许多相关因素的综合改革。本书主要讨论行政系统内部的组织机构、人员素质、财政实力等三方面因素的整体改进,即综合设置乡镇机构、加强建设乡镇干部队伍和增强乡镇财政实力。

① 俞可平:《引论:治理和善治》,载俞可平主编:《治理与善治》,社会科学文献出版社2000年版,第14页。

第四章 角色平衡：乡镇政府职能内容定位的思考

第一节 乡镇政府应该保持政治角色和服务角色平衡

一、乡镇政府保持角色平衡的必要性

根据政府所具有的二重属性，政府职能可以分为两部分：政治统治职能和社会管理职能。在人类社会的发展进程中，政府的政治统治职能具有鲜明的阶级特征，一般比较稳定；而社会管理职能则不断地进行调整，其内容、重心、作用方式随着政治、经济、文化环境的变化而不断地变化。从理论上说，政府的政治统治职能和社会管理职能应该是一个统一的、有机的整体，不能割裂开来，也不能对立起来。管理社会公共事务是实现政治统治的前提，实现政治统治要有利于管理社会公共事务。正如恩格斯指出："政治统治到处都是以执行某种社会职能为基础，而且政治统治只有在它执行了它的这种社会职能时才能持续下去。"①这就是说，一方面，任何政府的存在都是以一定的公共管理职能为前提的。如果失去这一前提，不表现为与社会公共需要的联系，政府便不可能存在，政治统治职能也就不可能实现；另一方面，一切政治统治职能只有通过社会公共管理职能的执行才能获得实现。但是，在以往的剥削阶级社会里，政府的政治统治与社会管理职能是分裂的。剥削阶级为了本阶级的政治统治而忽视社会管理职能。只有在社会主义国家，才能实现二者的有机统一。

我国是人民当家作主的社会主义国家，政府的政治统治职能同管理社会公

① 中共中央马克思恩格斯列宁斯大林编译局编：《马克思恩格斯选集》第 3 卷，人民出版社 1972 年版，第 219 页。

共事务、推动社会进步、促进生产力发展的职能实现了历史性的统一。政治统治职能寓于社会公共事务管理职能之中，政治统治的结果促进社会公共事务的有效管理。在我国现阶段，政治统治职能更主要地表现为政府的民主能力方面，即政府建构政治、经济、行政、司法和文化等体制的能力，容纳、鼓励、支持、平衡公民民主参与、民主决策、民主监督等民主权利与义务的能力。[①] 社会管理职能主要地体现为社会提供公共服务的能力方面，即政府满足社会公共需求、提供各种各样公共产品的能力。

因此，对于我国乡镇政府来说，在准确定位其职能时必须考虑到政治角色和服务角色的平衡。具体来说，一方面乡镇政府要尽可能满足乡镇区域内民众的公共需求，为乡镇范围的人民群众提供服务一即提供最优的农村公共产品；另一方面，乡镇政府需要实现与乡镇范围内的人民群众和谐相处，重视实现乡镇区域内民众的平等自由权利，获得最广泛的群众认同——即维护农民的民主权利。

二、“供应”与“生产”分开思想的提出

从20世纪60年代开始，一些学者开始关注公共物品的供给(supply)过程，提出了把公共物品“供应”(provision)与公共物品“生产”(production)分开的思想，并从分解活动过程的角度论证了主体结构的多元化。他们的主要思路是：公共物品的“供应”和具体的“生产”是一个过程的不同环节，可以分开并由不同的主体来进行。所谓“供应”，或者称“提供”，主要是就资金的提供而言的；所谓“生产”，则强调怎样进行具体的生产活动。公共产品和服务的生产和供应需要区分开，前者既可以由私人来承担，也可由公共部门来承担。服务的供应一般是指一系列集体选择行为的总称，它就以下事项作出决定：需要提供什么样的产品和服务、产品和服务的数量和质量标准、需要筹措的收入数和如何筹措、如何约束和规范公共产品和服务消费中的个人行为、如何安排公共产品和服务的生产。服务的生产则是指如何将一系列的输入资源转化为公共产品和服务的技术过程。这里十分有必要区分公共服务中的三个基本参与者：消费者、生产

① 施雪华著：《政府权能理论》，浙江人民出版社1998年版，第315页。

者、安排者或提供者。萨瓦斯认为消费者是直接获得或接受服务的人或单位;生产者是直接组织生产,或直接向消费者提供服务的部门,它可能是政府单位、市民自愿组织、私人企业、非营利机构,有时甚至是消费者自身;服务安排者(或提供者)指派生产者给消费者,指派消费者给生产者,或选择服务的生产者。服务的生产者和提供者的区分是我们后面讨论的基础。

其实,早在 1959 年,公共财政经济学家理查德·A. 马斯格雷夫(Richard A. Musgrave)在其出版的 *Fiscal Systems* 一书中提出,公共物品的政府供应并不意味着由政府来生产,从而把公共物品的供给看作一个由不同环节构成的过程。在他看来,所谓"供应",就是政府通过预算进行公共资金的投入。马斯格雷夫把公共需要分为社会型公共需要和有益型公共需要,前者涉及非竞争性的公共物品,后者实质上是由政府提供的私人物品即他所称的有益物品。无论是满足社会型需要的公共物品,还是满足有益型需要的有益物品,在一定的技术条件下,都要由政府通过预算来提供。这是因为"市场机制不能解决社会需要的提供问题。为了配置资源以提供社会需要,同时也为了将这种成本分摊给要求满足这种需要的人,要有个税收——支出程序。正是在这一意义上,社会需要的满足必须由预算来提供。"但是,"并不意味着这种产品的生产必须由政府来进行。"①

1961 年,政治学家文森特·奥斯特罗姆、经济学家查尔斯·蒂博特(Charles M. Tiebout)、政治学家罗伯特·沃伦(Robert Warren)在分析大城市地区的政府组织结构安排时,明确地区分了地方公共服务的"供应"和"生产"。他们认为,"提供是指征税和支出的决策,决定适当类型的服务及其供给水平,并安排生产和监督生产。生产是指把投入转换成产出。作为提供一项公共服务之政治单位的组织不必一定生产该项服务。一个地方性的提供单位能够组织其自己的生产单位,比如建立一个地方政府的机构,但它也能够从额外的生产者那里购买服务,或者加入其他提供单位所组织的共同服务的安排中去。"而且,"应用于提供组织的标准不同于应用于提供组织的标准。"②此后,制度分析

① 理查德·A. 马斯格雷夫著:《比较财政分析》,董勤发译,上海人民出版社、生活·读书·新知三联书店上海分店 1996 年版,第 8 页。

② 转引自迈克尔·麦金尼斯著:《多中心体制与地方公共经济》,上海三联书店 2000 年版,第 423 页。

学派在研究公共物品和公共服务供给问题时,一直把“供应”和“生产”概念分开使用。

埃莉诺·奥斯特罗姆及拉里·施罗德(Larry Schroeder)和苏珊·温(Susan Wynne)在研究发展中国家农村基础设施可持续发展问题时,进一步系统地区分了公共物品的“供应”和“生产”。他们指出,“供应”指的是通过集体选择机制对以下问题做出决策:① 由指定的一组人提供各类物品和服务;被供应物品和服务的数量和质量。② 与这些物品和服务有关的私人活动被管制的程度;如何安排这些物品和服务的生产。③ 如何对这些物品和服务的供应进行融资。④ 如何对生产这些物品和服务的人进行管理。因此,供应的组织过程基本与消费、融资、安排物品和服务的生产与监督有关。“生产”指的是将投入变成产出的更加技术化的过程(包括设计、建造、维护或经营等环节)。[①] 他们不否认有时候供应者与生产者是同一个主体,但许多时候,供应者和生产者均是不同的主体。政府完全可以用雇佣私人单位或其他公共单位来生产某些公共物品。

这一思想在斯蒂格利茨那里也有表达。他在回答政府如何干预时,提出:“我们首先应指出的是,虽然市场存在失灵问题,且要求政府以某种形式进行干预,但是它并没有必然地要求政府进行生产”。[②] 所谓的“政府生产”,就是指政府建立企业,亲力亲为。政府生产和政府供应不是一回事,政府供应可以看作是政府利用私人生产商进行生产。

现在越来越多的人同意把公共物品的“供应”和“生产”分开的观点。如,财政学家 H. S. 罗森(Harvey S. Rosen)也指出,“由公共部门来提供并不意味着由公共部门来生产这些产品。”[③]如,M. 坦诺拉(Manuel Tanoira)在其《私有化与政治》一文中宣布:政府越是为全体独立的个人和企业敞开道路去生产那些已被世界其他地方的实践经验证明可以由私人或私有单位生产的东西,经济效率、经济增长和就业方面所得到的结果就越好。[④] 再如,布鲁贝克尔(W. R.

① [美]埃莉诺·奥斯特罗姆等著:《制度激励与可持续发展》,毛寿龙译,上海三联书店 2000 年版,第 86—87 页。

② [美]约瑟夫·E. 斯蒂格利茨著:《政府为什么干预经济》,中国物资出版社 1998 年版,第 72 页。

③ [美]哈维·S. 罗森、特德·盖亚著:《财政学》,郭庆旺译,中国人民大学出版社 2000 年版,第 59 页。

④ [美]斯蒂夫·H. 汉克主编:《私有化美发展》,管维立等译,中国社会科学出版社 1989 年版,第 46 页。

Brubaker)也提出,通过产前合约的特殊作用有可能实现公共物品的私人生产,并主张把公共物品的生产部门分散开来,使其相互之间展开竞争。①

三、保持角色平衡的有效途径——供应与生产的分开

区别服务的提供和服务的生产是十分重要的,是政府职能定位的基础。解决乡镇政府角色平衡问题的一条有效途径就是区分农村公共产品的供应与生产。政府可以用公共开支来提供某种服务,但并不意味着必须依靠政府雇员和设施来提供这种服务,"提供是指征税和支出的决策,决定适当类型的服务及其供给水平,并安排生产和监督生产。生产是指把投入转换成产出。作为提供一项公共服务之政治单位的组织并不必一定生产该项服务。一个地方性的提供单位能够组织其自己的生产单位,比如建立一个地方政府的机构,但也能够从额外的生产者那里购买服务,或者加入其他提供单位所组织的共同服务的安排中去。②"

服务的安排者通常是政府单位,但也有例外,市政当局、联邦政府、自愿组织或消费者自己等都可能还是服务的安排者。对许多公共服务来说,政府本质上是一个安排者或者供应者,是一种社会工具,在服务的安排中主要做出以下决策:"(1) 由指定的一组人提供各类物品和服务;被供应物品和服务的数量和质量;(2) 与这些物品和服务有关的私人活动被管制的程度;如何安排这些物品和服务的生产;(3) 如何对这些物品和服务的供应进行融资;(4) 如何对生产这些物品和服务的人进行管理"。③ 萨瓦斯也将安排者的责任归纳为征税收费、决定服务内容和服务水平、开支水平等方面。而服务的安排和提供是合一还是分开也不是绝对的,因为当安排者和生产者合一时会产生官僚制成本,即维持和管理层级系统的成本;而当安排者和生产者不同时,又会产生交易成本,即聘用和管理独立生产者的成本,只有根据这两种成本的相对价值才能决定公共产品

① W. R. Brubaker:Free ride,Free revelation or golden rule,in Journal of Law and Economics,18(April):1975,p147—161.

② 迈克尔·麦金尼斯著:《多中心体制与地方公共经济》,上海三联书店 2000 年版,第 423 页。

③ [美]埃莉诺·奥斯特罗姆等著:《制度激励与可持续发展》,毛寿龙译,上海三联书店 2000 年版,第 86—87 页。

的安排和生产的分开是否值得。

总之，在把公共物品的“供应”和“生产”分开的前提下，公共物品的供给者既可以是公共部门，也可以是私人部门。就“供应”而言，可以有公共的财政资金投入，也可以有私人资金投入。就“生产”而言，可以采取公共生产即政府亲自组织生产的方式进行，如由国有企业提供的物品和服务，也可以由私人生产的方式来进行，如政府可以通过签订合同、授予经营权、经济资助、法律保护等手段，委托私人部门生产，政府的任务是指定私人部门生产什么、生产多少并确定质量标准以及进行监督。

公共物品的“供应”和“生产”分开的思想，有利于促进公共物品供给结构多元化。因为无论是“供应”还是“生产”，都不一定只存在一元主体，就“供应”而言，政府可以进行投资或融资，私人部门在感觉到有利可图的情况下也可以进行投资融资。就“生产”而言，其主体更可以是多元化的，政府部门及非营利部门、私人部门、公民个人这些非政府力量都可以进行公共物品的生产。政府供应的核心是资金的支出，在这个意义上，政府供应与财政支出可以同等使用。因此，在公共物品“供应”和“生产”分开思想的指导下，一方面，乡镇政府作为公共物品的安排者，可以将公共物品的生产任务更多地安排给乡镇政府以外的主体，包括私营企业、民间组织、其他层级政府、个人等，实现公共物品的生产效果最优化；另一方面，乡镇政府由于不直接负责公共物品的生产过程，从而拥有了更多的时间和精力来征求群众的建议，引导群众参与到决策制定过程，更好满足农村社会公共需求，实现公民的民主权利。

第二节　国外基层地方政府职能及其特点

一、国外基层政府职能定位的现状

从世界范围看，“乡镇”作为国家依法设置的一种地方行政建制，已成为当今西方发达国家管理农村行政事务和为基层民众提供公共产品服务的通行做法。如在美国，全国现有多种不同形式的基层地方政府，如乡镇、里、市镇、区、特别区，等等。这些都是具有独立法人地位的地方基层政府建制，但其辖区面积大小不一，人口也多少不等。像马萨诸塞州的一个镇，有的多达 4 万人，有的还不足 300 人；而纽约州的小市镇，有的面积仅为 1 平方千米，有的竟达到 400 平方千米，人口从 100 人到几千人不等。[①] 这一方面反映了“人性化”管理的特点，另一方面也充分体现了地方基层政府设置的极大灵活性和变通性。从世界发达国家看，越是地方基层政府，其行政管理体制愈具有多样性、灵活性、有限性、自治性等特征。西方发达国家对于地方基层行政单位的设置，“一般都是从便于行政和便于居民参与本地管理出发，综合考虑了历史、地理、民族诸因素，根据一个基层行政单位能否有效管理的地域、人口确定的。”[②]这是因为，“国家行政权力的触角伸得越深坏处越多，将使基层活力泯灭，甚至发展停滞；而地方行政区划规模过大，又将导致政令不通，行政效率低下。所以，保持乡镇建制规模得适度性，是实现乡村有效治理和满足农民对公共品需求的制度基础。”[③]

西方不同国家的基层地方政府职能也不一样。比如，在英国，郡政府一般负责警务、消防、教育和社会福利等事务，区政府担负住房管理和环境保护等事务，最基层的教区或社区管理丧葬火化、人行道和体育娱乐设施等。又如，德国的乡镇基层政府活动，“除维护辖区内的公共治安及工程建设外，还有管理电灯、电话、自来水、公共汽车、煤气、建造居民住宅、设置公园、博物馆、图书馆、医院、市场、屠宰场、学校、商店、剧院等也都是其重要的活动内容”，[④]但这些公益性事业和经营性活动基本是靠“第三部门”去完成的，乡镇政府的主要职能是负责统一规划和监督实施。再如，在法国，从总统、部长和市镇各级政府负责人都比较重视文化事业。市镇政府一般都设置文化处，配备处长 1 人，秘书及办事员 6 名左右，具体负责市镇的文化活动协调工作。虽然各个市镇的经济发展水平有差异，文化设施和文化活动也不尽相同，但是法国几乎所有的市镇均设置了文化中心、青年文化之家和大众之家等专门开展文化活动的机构和阵地。而国家政府每年只拿出 1%的财政预算支出，市镇政府的投入也只占 9%左右，其

① 秦德占主编：《乡镇干部工作手册》，中国人民公安大学出版社 1997 年版，第 395 页。

② 刘君德、冯春萍、华林甫等著：《中外行政区划比较研究》，华东师范大学出版社 2002 年版。

③ 张新光：《论我国乡镇的建制规模、职能定位与机构设置》，载《西南民族大学学报》2005 年第 9 期，第 272—275 页。

④ 《乡镇长手册》编委会编：《乡镇长手册》，企业管理出版社 1997 年版，第 1044—1045 页。

余的经费来源都是民间社会的资金投入。法国市镇的权力与职能十分有限。市政府不设专门的行政机构，主要由市长和市长助理组成，市长助理的人数按照市镇人口的多少确定，最多的为 12 人，最少的为 1 人。市镇政府一般不能直接地经营企业或包揽具体经济事务，市镇长的首要任务是实施国家法律和中央政府的法令，贯彻执行省长的指示，维护地方治安；其次是负责执行市镇议会的决议，编制市镇财政预算，管理市镇公共财产的，等等。又如，美国乡镇的主要职能是执行地方法令、讨论税收和财政支出，大多公益性活动都由社会团体负责或采取企业化管理。①

二、国外基层地方政府职能转变及其目标

二战结束以来，西方各国地方政府与中央政府的关系更加紧密和相互依赖。这种情形使地方政府成为公众关注的焦点，成为各种潜在矛盾的对象。20 世纪 70 年代中后期开始，一股从英国开始的地方政府改革浪潮席卷全球，并持续至今。特别是地方政府职能转变，是许多国家地方政府首先必须面对的问题。20 世纪 80 年代以来，"下放权力，扩大公民参与地方行政管理，使地方行政管理更加贴近公民，贴近实际，是西方国家地方行政体制改革比较普遍的做法。"尤其值得关注的现象是，"西方国家将地方行政管理纳入市场竞争当中，如果有的地方政府职能部门不能及时有效地为公民服务，而其他社会团体甚至私人企业能够很好地提供这一服务，那么中央政府就将停止对地方政府这一职能部门的拨款，而将相应的款项拨给能够为公民提供良好服务的社会团体或私人企业。"②

可见，当今西方发达国家主要是通过培育和发展"第三部门"来弥补"政府失灵"和"市场失灵"所留下来的空白地带，并使之成为沟通国家与社会、政府与民众、市场与企业之间的桥梁和纽带。综合各国的情况看，地方政府职能转变的途径有以下几种：① 通过出售的方式将原来由政府承担的职能直接交由私人来承担。② 基于购买与生产、掌舵与划桨的区分，地方政府将所要提供的公共

① 《乡镇长手册》编委会编：《乡镇长手册》，企业管理出版社 1997 年版，第 1048—1049 页。

② 李贵鲜主编：《公共行政概论》，人民出版社 2002 年版，第 281—282 页。

产品和服务通过公开竞争或委托的方式承包出去。③ 将一部分地方政府职能交由准自治的、民间组织去承担。④ 设立最基层的、自治性的邻里或社区机构,将地方政府的部分职能下放给它们去行使。

在西方国家,地方政府被视为民主政治训练的场所、公民道德和意识培养的基地、切合公民需要的公共产品和服务的提供者、中央政府集权倾向的制衡者之一。西方国家的地方政府首先被看作是一个供应单位,一个承担着公共选择任务的单位,它们的主要职能有:① 建立多种机制,表达和汇集地方居民的愿望和要求,做他们利益的代表者。② 在此基础上,决定应该提供哪些服务、服务数量和质量标准的类型。③ 根据财政公平原则决定政府的政府的公共收支。④ 制定规则用以约束公共产品和服务消费中的个人行为。⑤ 选择公共产品和服务的生产类型和对生产者加以监督。⑥ 建立监督机制使政府官员能够在公共事务的处理中向其委托人——地方居民利益共同体负责。很明显,衡量政府作为供应单位绩效的标准是回应程度、公平和向地方居民负责。[①]

三、国外基层地方政府职能定位的特点

总的来说,西方国家对于乡镇的职能划分较为明确,不同层级的政府职能有所侧重,机构设置较少,管理形式灵活多样,且侧重于公共产品服务职能,而淡化其政治职能。发达国家各级地方政府在政府职能承担上采用"职能分工"模式,分别由各自专有的职能;地方政府基本上不承担政治性职能。对与当地居民的日常生活直接相关的社会事务进行公共管理和提供公共服务,是地方政府职能的主要内容。在经济事务方面,地方政府也不承担主要职责,相关机构的设置也很少,其工作内容也以提供相应的服务为主。地方政府通过对当地社会提供良好的管理和服务,提供必要的公共基础设施,为当地居民的生活、企业的生产创造一种较好的环境和条件,从而维护和促进地方经济和社会的持续发展与进步。

综观西方国家地方政府职能定位情况,不管职能是多是少,也不管是逐渐收权的美国地方政府职能,或是逐渐放权的法国市镇政府,均有以下三个主要

---

① 万鹏飞:《译丛总序》,载[美]文森特·奥斯特罗姆等著,井敏等译:《美国地方政府》,北京大学出版社 2004 年版,第 1—5 页。

特点:① 合理划分各级政府的事权。与我国政府体制中只关注事权权限程度大小区分、不重视事权范围的分工不同,西方国家普遍的做法是不同级别的政府职能有所侧重,事权有一定的分工。在美国,组成联邦的州均有自己严格规定的事权划分,涉及教育、福利、发放行业执照、调整家庭婚姻关系等方面的权力由州行使,而诸如消防、卫生、市政、地方治安等事权都交给地方政府来做;具有自治权的市镇和村镇处理的事务严格限于地方性的需要,如铺路、供水、安装街灯、处理垃圾、治安与消防等。西方国家在各级政府间合理划分事权的做法既明确了各级政府的职责权限,又减少了不必要的机构设置。② 确立地方政府的财权与事权相统一的原则。西方国家地方政府在合理清晰划分事权的基础上,确立各级政府的事权和财权相统一的原则,以立法形式明确确立各级政府的税种。地方政府财政收入都有较强的相对独立性,主要靠财政转移支付控制地方政府。③ 尊重地方政府的相对自主地位。民主不仅仅意味着国家政权要有人民的选举、人民的参与,也意味着各级政府之间的相互尊重和具有平等的商议权、讨论权和知情权,尤其是地方政府相对于上级政府或部门的相对自主权、表达权和商议权。

第三节　乡镇政府职能定位的目标取向

一、当前乡镇地方的公共需求

对于乡镇政府来说,需要满足来自上级政府和农村社会的需求,即对上和对下服务。对于农村社会来说,对乡镇政府的需求大致如下:一是希望乡镇政府切实提供多种服务。农民目前最缺的是农产品销售的市场信息、农产品和畜牧产品的种养技术以及农村剩余劳动力外出务工的技能,他们希望乡镇政府能够提供公共服务。农民对乡镇政府在产业结构调整和土地流转方面采用行政命令的强迫方式非常反感。二是希望乡镇政府在基础设施建设方面多投入资金。农民现在普遍面临的最大问题就是缺乏资金。农民进行打井、修路等基础设施建设缺乏资金;农民在子女上学、生病就医、养老保障等生活方面也严重缺乏资金。因此,他们希望乡镇和上级政府切实关心农民,在农村基础设施建设和公共事业方面多给予、多投入，帮助农民解决实际困难。三是希望乡镇政府踏踏实实做实事。农民希望乡镇政府应该多做实实在在的事，多做老百姓急需做的事，切切实实为老百姓谋福利。乡镇政府不能摆“花架子”，搞政绩工程、形象工程。

上级政府对乡镇政府的要求为：一是要保持农村的稳定。农村社会稳定是农村社会经济社会发展的基础。乡镇政府必须要及时处理好乡村纠纷，尽量把问题化解在基层，重点防止农民集体越级上访和聚众闹事。二是要认真贯彻党的路线、方针和政策，执行好上级政府的行政命令，及时完成上级交给的各项任务。党和国家的各项方针政策的贯彻落实最终都要靠乡镇政府来完成，特别是在农村社会力量还不是很强大的现在，乡镇政府在这方面的作用更显重大。三是要搞好公共服务和公益事业，多为农民办好事。现在的政府应该是服务型政府，要体现党和国家、上级政府对农民的重视和关心，乡镇政府必须要做好农村各项社会服务工作和社会公益事业。四是要搞好社会管理，维持乡村正常的秩序。随着市场经济的逐步深入发展，农村社会逐步要从传统社会转变为现代社会，原有社会价值观念被打破，而新的社会价值理念并没有完全确立起来，这就需要乡镇政府及时引导社会发展，做好社会管理，维持乡村的正常秩序。

正如中国(海南)改革发展研究院进行的“乡村治理与乡镇政府改革”专家问卷调查结果显示的那样，专家学者们认为乡镇政府在现代乡村治理中应该做好的公共服务依次排序如下：维护农村社会稳定；增加公共产品与公共服务的供给；做好大型农业基础设施的建设与维护；维护好公共服务领域的秩序；提供就业岗位，帮助实现农村劳动力转移；向农村提供互助合作的平台。对以上六项公共服务方面的职能，专家学者们的认同度均超过了50%，见表4-1。

表4-1　乡镇政府应做好的公共服务问卷调查结果

乡镇政府履行公共服务职能应该着重做好哪些事	维护农村社会稳定	增加公共产品与公共服务的供给	做好大型农业基础设施的建设与维护	维护好公共服务领域的秩序	提供就业岗位，帮助实现农村劳动力转移	向农村提供互助合作的平台
人数	45	43	41	40	38	35
百分比	71.4%	68.3%	65.1%	63.5%	60.3%	55.6%

二、现阶段主要职责任务

在目前农村社会力量还较弱的情况下,乡镇政府需要介入农村社会生活较深,帮助农民群众提高生活水平。现阶段乡镇政府的主要职责任务是:贯彻落实党的路线、方针和政策;维护农村社会稳定;负责农村社会管理、公共服务和社会化服务体系建设;引导农村劳动力转移和就业;发展农村社会公共和集体公益事业;推动农村经济发展等。具体来说,主要体现在以下几个方面:

第一,全面落实党对"三农"的各项方针政策。长期以来,作为基层政权的乡镇政府,具有通常所说的"千条线"和"一根针"的职能特点,其工作的策划谋略也是在党的大政方针指导下进行的,是沟通中央和农民群众的桥梁,对维护党的形象和体现上层建筑的管理意志具有至关重要的作用。在执行政策方面如何做到正确宣传、有力贯彻和全面落实,应该从以下几个方面予以把握。一是重点落实党的各项扶农惠农政策,如家庭承包、土地延包、"两免一补"等,都要严格执行,积极兑现,切实维护好广大农民的合法权益;二是正确诠释政策的针对性和有效性。充分做到准确运用、有的放矢,最大限度地挖掘政策潜力,使乡镇政府的重大决策更加科学,更加顺应民情民意,尽量减少盲干和蛮干的不良行为;三是搞好政策服务,让老百姓知道该干什么,不该干什么,不断增强法律意识,提高农民依法维护自身利益的自觉性。

第二,千方百计增加农民收入和发展农村经济。自十一届三中全会以后,党中央、国务院从中国的国情出发,为改变农村一穷二白的面貌,缩小城乡差距采取了一系列重大举措。但当前农村经济发展缓慢,农民收入偏低,城乡居民收入差距过大和分配不公的问题,依然表现得十分突出。新形势下的乡镇政府应该把增加农民收入和发展农村经济作为头等大事来抓实抓好。一是尽快学会运用经济和市场规律办事,把发展经济的职能交给社会、交给群众、交给市场经济中的经营主体,重点是引导农民进入市场,精心创造环境条件和提供优质高效的服务。二是要组织引导农民进行科学化、现代化的农业生产,合理制定农业经济结构调整的规划,谋划切实可行的发展思路,确定重点,培育试点,推广普及实用性科学技术,改变过去的行政命令为现在的引导服务。三是要为农民提供准确快捷的信息,不断培育农村经济的增长点,拓宽二、三产业的发展渠道，实现劳动力的有效转移，最终达到本乡镇区域产业结构优化和农民增收的双赢效果。

第三，为农村重点提供公共服务和社会化服务，大力发展社会公共及集体公益事业。牵涉到农村的社会公共事务非常繁多，如农田水利基本建设、农村道路建设、小城镇建设以及公益方面的教育、卫生、科技、文化、养老、医疗、救济和社会保障等等。因此，在履行服务职责方面应坚持五点：一是进一步将政府职能范围转向公共领域，大力提高公共利益和公共责任意识。二是积极探索、推进部分公共事务的社会化和市场化，将一些专业性、技术型、事务性工作从政府职能中分离出来，交给行业协会或其他中介组织承担。三是由过去偏重于经济发展转向与社会管理并重的整体协调发展。四是及时推行与农民对话沟通制度，通过介绍和通报情况，全面听取老百姓的意见和建议，不断改进服务方式，有效提高公共服务水平。五是为农民和属地企业提供便利服务，通过不同形式的服务窗口，直接提供咨询、代办、指导、督办及投诉受理等全方位服务，用实实在在的政策服务、信息服务、技术服务、法律服务，保证和促进农村经济发展。

第四，从构建和谐社会的高度出发维护农村社会稳定，大力推行基层民主政治建设。对于现阶段的农村来说，由于日常生活中的村级换届、农村财务、干群关系、两极分化等，从而引发的上访事件逐年呈上升趋势，这些都为地方经济社会发展带来了诸多不利因素。因此，乡镇政府必须把本区域的社会稳定作为一件大事来抓，应该做到以下几点：一是进行依法行政和普法教育，紧紧围绕建立法治型和责任型政府的目标，严格规范政府的从政行为，对农民采取多种形式的法律教育，不断提高大众的法律意识。二是建立健全调节防范体制，完善村、乡两级组织，充分发挥村民自治和司法调解的作用，及时处理群众来信来访，调解民事纠纷，调查社情民意，扶持弱势群体，加强重点监管，开展综合治理。三是全面推行政务公开制度，把涉及“三农”工作的办事程序、办事依据、办事结果、收费标准及时向群众和社会公开，让老百姓依法享有对乡镇政务的知情权、参与权和监督权。四是不断强化社会的民主监督作用，凡涉及经济社会发展中的重大项目建设和大额资金使用、重要人事任免及有关群众切实利益的问题，必须主动听取群众意见，自觉接受党员和群众的评议监督。五是配合有关部门做好各类企业的生产安全管理,快捷处理突发事件,保护人民的生命财产免受损失。六是要大力发展农村文化事业,活跃农民文化生活,推动本辖区社会主义文化事业健康发展。

三、乡镇政府职能定位的目标

随着我国农村基层民主和农村改革的不断深入,农村集体资产管理等容易引发农村冲突的制度性问题将得到解决;随着我国法治建设的不断加强,农村社会个体之间的冲突,将主要通过法律途径解决。这样,维护农村稳定的压力将减小,维持农村稳定的工具也将由主要依靠行政手段过渡到依靠法律手段。这时乡镇政府的主要职能将转到农村公共事务和公益事业上来,乡镇政府的目标定位只能是民主合作式的服务型政府。所谓民主合作式的服务型政府,是在公民本位、社会本位理念指导下,在整个社会民主秩序的框架下,通过法定程序,按照公民意志组建起来的以为服务公民为宗旨并承担着服务责任的政府。服务型政府的根本理念在于:管理就是服务,政府的存在是为了满足社会的需求,政府应该尽可能地为社会提供满意的公共物品。① 具体到其内涵,应从以下几个方面加以理解:

一是以顾客为导向的政府。顾客导向理念是现代营销观点的核心观点。顾客导向理念认为组织要以其目标顾客为出发点,以顾客需求为重点,以顾客满意为目标。政府行政中的顾客导向理念与一般组织的顾客导向理念内涵基本相同,但由于政府产出的非市场性质,决定了政府行政的顾客导向理念主要强调向社会公众服务的理念。政府应该以服务社会公众为目标,从而改变了传统管制型政府模式下政府与社会的关系,对政府的职能及其与社会的关系进行了重新定位,把社会公众放在了一个平等的位置上,把自己定位成为一个服务者的角色。因此,政府需要对社会公众期待和需求做出及时、负责、高效的回应,政府应该具有及时了解民意、反映民意的能力以及在公共政策中吸纳民意、体现民意的能力。

① 张廉主编:《服务·责任·法治——我国政府管理体制改革研究》,宁夏人民出版社 2005 年版,第 25—26 页。

二是管理运作高效的政府。作为对管制型政府的革新和替代物，服务型政府应该在最大限度上克服管制型政府所带来的行动迟缓、效率低下、机构臃肿、官僚主义作风严重等弊端。因此，服务型政府应该是管理运作高效的政府。解决这个问题的根本出路是要引进竞争机制，按照经济学的观点，竞争是市场经济有效运作的内在机制，竞争可以促进优胜劣汰，有利于提高效率和优化资源配置。哪里有竞争，哪里就会取得较好的结果。因此，治理和善治理论主张，在政府内部引入竞争机制，以便在公共物品的分配过程中，形成公共部门内部、公共部门与私人部门以及私人部门之间的竞争格局，从而实现高效率提供公共服务。

三是职能有限的政府。在传统管制型政府的社会里，政府的触角伸入到社会生活中的各个领域，这样做的结果就是，政府一方面承担了过多的职能，侵犯了本不该介入的私人领域；另一方面，由于现实中的政府能力的有限性使得其无法提供公众所需要的公共服务，结果是导致了管制型政府能力及其合法性的质疑和危机。因此，在治理和善治理念的指导下，实现政府职能转变，将政策制定（掌舵）同服务生产（划桨）分开，是一条重要的途径。现代政府应该是一个职能有限的政府，把本不属于政府管辖，而又一直为政府管理且一直都没有管好的事务交回给社会自己。与此同时，对于属于政府职能范围的事务，也不一定非要排他性地行使，要努力追求政府履行职能的效果。总之，政府职能应该不仅有限而且有效。

四是民主参与的政府。实践表明，公共行政人员愿意拥有一定的权力并承担一定的任务，以便更好地实现其自身价值。因此，服务型政府应该是适当分权的政府，分权有利于增强政府机构的灵活性，有利于管理效率的提高，有利于培养创新的精神。另外，政府机构还应该为公众参与提供渠道和途径。离开公众的参与，政府工作人员或专家往往无法得到作出决策和制定政策所需的全部信息，甚至得不到正确信息。因此，民主参与行政的理念就显现出其独到的价值。正如科恩所言："民主的核心是选择。"①在政府行政过程确立社会公众选择机制，有利于社会公众作为公共服务的承受者，通过对政府服务方式和内容的

① [美]科恩著：《论民主》，聂崇信、朱秀贤译，商务印书馆1988年版，第39页。

选择以达到对服务机构的控制,以实现公众的顾客主权,从而也就实现了政府的民主价值追求。同时,社会公众通过各种参与政府行政过程的途径,有利于提高公共决策的质量和效率,更好维护社会公众的经济利益和社会利益。

五是责任政府。权力和责任应是对等的,政府作为公共权力的行使者,必须承担一定的责任,必须对社会公众负责。传统的公共行政需要区分下达命令和执行命令者,后者执行命令时不对其结果负任何责任,导致在官僚制模式运作中,结果的取得是不重要的。这就带来一个问题:行政人员可以借口没有上级命令或命令不清楚,从而逃避责任。同时又因为传统管制型政府缺乏一套完善的责任约束机制,结果导致政府管理过程中责任的丧失以及各种寻租、腐败现象的出现,最终受到损失的只能是公共利益。因此,为了保障公共利益的实现,服务型政府需要一种精心设计的责任结构,具有较为完善的、结果指向的责任机制。这样,有利于把责任落实到具体岗位和个人,确保以公共名义行事的人为社会公众的利益付出最大努力,对社会公众负责任,真正地实现责任政府。

第四节　乡镇政府职能定位的基本思路

一、政治角色方面的职能定位:维护民主权利

对于乡镇政府来说,政治职能主要体现在民主建设方面。通过保障法律和法规的建设和实施,使人民的民主权利能够充分行使。在提高社会生产力水平,创造民主制度化的社会环境中,加强建设具体制度和实施程序,弥补不足,进行民主制度建设。有组织地向人民群众宣传社会主义的民主思想,使公民的民主意识得到普遍提高,只有如此社会主义民主才会得到充分的体现。

根据公共选择理论,公共产品供给的帕累托最优条件是所有消费者的边际替代率之和等于公共产品生产的边际转换率。要实现乡镇政府的善治目标,即对农村公共产品的最优供给,就必须与农民的实际需求有机地结合起来,实现公共产品交换和生产的帕累托最优。我们必须提高广大农民群众对供给农村公共产品全过程的参与程度。这充分体现了村民自治的要求,也是农村基层民主政治发展的要求。因此,善治与民主是有机结合的,善治是民主化进程的当

然要求和必然后果，也是当代民主新的实现形式。[①]

政治民主是善治追求的主要目标。但是，我们所追求的民主不能是单纯的“西方式民主”，必须从中国的实际出发，稳步推进增量民主。我们从一个特定的角度将民主概念区分为两个方面：权力的来源与权力的行使。依据这一角度来看，中国农村基层民主目前发展的情况呈现出以下特征：第一，有一个相对自由、公正和定期的选举，侧重于解决权力来源的合法性问题。选举制度是民主建设中的重要内容。对于农村基层来说，民主选举已经不仅仅局限于村一级的领导干部了，乡镇一级也已开始实行民主直选。第二，内部出现了一定程度的民主治理过程，侧重于解决权力的行使问题。所谓民主治理，就是在这些基层组织中出现了一定程度的民主决策过程，包括采纳群众的意见和按照民主的程序进行决策。

结合我国农村基层民主的发展现状和乡镇政府善治目标的要求，乡镇政府必须大力促进农村基层民主的发展，当前的主要任务是要做好以下几个方面的工作：

首先，进一步搞好基层民主选举工作，增强基层干部的服务意识、民主作风和管理能力，进而提高农村公共产品的供给效率，切实为本地区的利益服务。一是要组织好村民委员会的选举工作。要让村民直接提名候选人，在此基础上，由村民直接选举村委会主任、副主任和委员。候选人的产生必须充分发扬民主，真正反映村民的意愿。要充分相信群众，尊重民意，让村民选举自己满意的人管理村务。二是在可能的情况下，逐步进行乡镇长的选举方式的改革，当然这需要在既定的宪法和法律许可的范围内，使之更好代表乡镇范围人民群众的利益。这样，在乡镇长的选举产生过程中，就更多体现出当地民众的意见，可以在一定程度上减少乡镇长只对上级领导负责而非对本乡镇人民群众负责的可能性。三是组织好乡镇人大代表的选举，充分发挥乡镇人民代表大会的作用，使得乡镇政府在供给农村公共产品的过程中更多地考虑到当地农村社会的公共需求。

---

① 贾建芳：《转轨中的中国政治走向：善治与增量民主——访俞可平研究员》，载《科学社会主义》2004年第1期，第6页。

其次，建立一种能充分显示农民需求偏好的"自下而上"的农村公共产品供给决策机制，使多数村民的需求愿望能够充分表达，满足农村居民对公共产品的迫切要求，最大限度地发挥农村公共产品的功能与作用。为此，我们应积极推进村民自治制度的建设，按照《中华人民共和国村民委员会组织法》的要求，把村民委员会建设成为一个真正的村民自治组织，使村民委员会真正对村民负责，反映村民呼声，维护村民利益。通过召开村民大会或村民代表大会，由全体村民或村民代表对本地区的公共事业项目的建设进行投票表决，使每一个村民自由地行使自己的权利，充分发表自己的意见，使一个地区多数人的需求愿望得到充分体现，从而确保农村公共产品"自下而上"的供给决策程序落到实处，增加农村公共产品的有效供给。

最后，建立有效的农村公共产品供给的管理和监督机制，使乡镇政府能够在公共产品的处理中向其委托人——乡镇范围农村居民利益共同体负责。具体表现为：一是要保证农村公共产品供给管理透明度，扩大农民的知情权。实行村务公开、政务公开，定期向群众公布农村公共产品资金收支情况，增加农村公共产品资金使用的透明度，对政府财政支农资金实行全方位、全过程的科学管理和监督，积极发挥人民群众的监督保证作用。二是改革现行干部评议、晋升、薪酬等制度，使其与农村公共产品的供给状况挂钩，从而监督和制约乡镇政府的行为。农村公共产品的供给总量、供给结构和供给效率，都将成为考核乡镇干部工作成绩的若干指标的组成部分。三是建立并完善决策问责制度，通过上级相关部门的严格检查和评定，鞭策和激励乡镇干部谨慎使用公共财产、合理运用决策权力。[①] 对于不符合农村居民实际需求的公共产品的供给，需要严格追究相关乡镇干部的行政责任和法律责任，以强化乡镇干部的责任意识和服务意识。

二、服务角色方面的职能定位：供给农村公共产品

治理和善治理论的兴起，在很大程度上是对政府在供给公共产品与公共服务方面的低效的回应，它契合了公众对公共事务管理效率的诉求，其目的在于

① 王俊等：《政府在农村公共产品供给中的行为选择》，载《农村经济》2006年第6期，第81页。

享受更多的公共产品。对我国农业型地区的乡镇政府而言，为了实现其善治的目标，必须搞好对农村公共产品的提供，满足农村社会对农村公共产品日益增长的需求。

多年来，我国农村公共产品虽然不断增加，但与农村社会的实际需要相比，目前我国农村公共产品的供给还存在着总量不足、结构失衡、效率低下等问题，严重制约着农业经济的快速发展和农民生活水平的迅速提高。鉴于中国农村公共产品具有的一般性和特殊性，结合我国农业型地区农村公共产品的实际情况，作为直接服务农村社会发展的最低层次的一级政府——乡镇政府，应该在公共产品的供给过程中充分发挥作用。

首先，根据农村公共产品的特点和我国农村的实际情况，明确乡镇政府应该提供的农村公共产品的范围，如本乡镇范围内的农业病虫害防治、农村水利灌溉系统、农田改造、农村高中教育和职业教育、农村医疗、农村道路建设、乡村电网建设、农技推广、农业机械推广、节水农业、农村文化场馆建设等等。[①] 另外，还需要配合上级政府和其他同级政府共同承担一些农村公共产品的供给，如跨地区的水利投资、大江大河大湖的治理以及病虫害防治等等。

其次，在农村公共产品的供给过程中，应该将提供职能和生产职能分开。在公共产品的供给中，涉及三个基本参与者，即消费者、生产者和安排者。消费者直接获得或接受公共产品，它可以是个人，也可以是特定的群体、机构或组织；生产者直接组织产品生产或直接向消费者提供服务，它可以是政府，也可以是企业、志愿性组织或是消费者自身；安排者（也称提供者）指派生产者给消费者，指派消费者给生产者或选择物品的生产者。它可以是政府，也可以是志愿性组织，甚至于消费者自己。[②] 因此，乡镇政府虽然必须保证规定职责范围内的农村公共产品的供给，但这并不意味着一定要由乡镇政府自身来生产。乡镇政府除了自身保留一部分农村公共产品生产职能外，可将一部分生产性职能交给其他私人机构或公共单位承担。

---

① 睢党臣：《工业反哺农业条件下农村公共产品供给问题研究》，载《兰州大学学报（社会科学版）》2006 年第 1 期，第 127 页。

② ［美］E. S. 萨瓦斯著：《民营化与公私部门的伙伴关系》，周志忍等译，中国人民大学出版社 2002 年版，第 68 页。

最后,在农村公共产品的生产过程中,乡镇政府可以采取多种方式将农村公共产品的生产交给乡镇政府以外的生产主体,为农村公共产品的供给提供了丰富多样的选择。这些选择包括:① 协调生产,即由包括乡镇政府在内的两个或两个以上的政府主体出面协调各自的生产单位生产它们所需要的产品。② 共同生产,即由包括乡镇政府在内的两个或两个以上的政府主体共同组织一个单独的生产单位。③ 政府间的合同生产,即由乡镇政府将其公共产品的生产通过合同的形式交给其他层级的政府去提供,由后者承担组织生产的职责。④ 私人合同生产,即由乡镇政府和一个私人供应商签订合同,由后者组织一个生产单位来安排生产。⑤ 特许生产,即由乡镇政府首先确定某项公共产品的一系列生产标准,然后授权特许一位生产者来提供产品的生产,但农民拥有是否购买这项产品的选择权利等等。

第五章　民主性：乡镇政府政治职能实现方式的思考

第一节　民主理念的发展

一、民主是人类社会的追求目标

民主制度尽管存在着种种弊端，但是迄今为止，它仍然被证明是最好的政治制度，是抑止独裁和暴政的最合适工具。正因为如此，民主成为构造现代政治体制的一种核心和基本的价值，民主也成为评价思想家和政治家是否进步的主要标准，成为人类社会普遍追求的目标。民主化也是当代世界一个基本的发展趋势。

民主(Democracy)一词，源自希腊语，由 demos 和 kratia 两个短语组成，前者意指“人民”，后者指“统治”，合在一起构成“民主”，意即“人民的统治”。公元前 15 世纪，当希腊人把 demos 和 kratia 结合起来，首次使用‘民主’这个概念来表述一种新的政治生活方式时，它所概括的是当时以雅典为代表的古代希腊城邦所实行的直接民主政治实践，主要表现为将政治参与的权利赋予城邦中的年满十八岁的雅典公民，这是一种直接民主制的实践。直接民主有利于提高公民的参与程度，但是它只适用于“小国寡民”；在地域广阔、人口众多的国家，直接民主由于组织困难、成本高昂而不可行。当民主面对无法绕过的规模因素的时候，代议制民主即间接民主应运而生。

表面上看来，代议制民主解决了规模问题，但是，政治学中的直接民主与间接民主均有其局限性，正如达尔所指出的那样，“在公民参与问题上，两种民主都存在着不可克服的限制：在参与行为所需时间和有资格参与的人数之间存在的相互作用，为双方都设置了无法克服、也无法绕开的限制。”[①]因为即使是代议制民主，其代表也要花时间与选民会面讨论问题，所代表的选民越多，如果希望做到充分的参与，花的时间必然越多。可见，代议制民主之所以受到人们的欢迎，并不完全是由规模因素决定的，更主要的是由直接民主的一些重大缺陷，如直接民主容易导致盲动和狂热，容易造成“多数人的暴政”所造成的。代议制民主正是由于能够克服这些弱点才成为可行的选择，民主的理念得到了广泛传播。但是，代议制民主也有其自身难以避免的弊端，如效率低下、反应迟钝、政策失灵等，在其建立几百年后的今天暴露得越来越明显，越来越受到人们的关注。而这些弊端在很大程度上是由于缺乏足够的公民参与，过多依赖官僚精英的知识信息优势，闭门造车而引起的。因此，在公民参与和制度效率这样一个根本的两难问题上，现在的代议制民主并没有完全解决的好方案。人们在尚未完全抛弃代议制民主的同时，也在努力寻求新的解决方式。

美国学者熊彼特认为：“民主是一种政治方法，即为达到政治——立法与行政的——决定而做出的某种形式的制度安排。”[②]“在这种形成政治决定的制度安排之下，个人通过竞争性的方式争取人民的选票来获得决策的权力。”[③]而施米特和卡尔认为：“现代民主政治是一种管理体制，其中统治者在公共领域中的行为要对公众负责，公民的行为通过他们选举产生的代表的竞争与合作来完成。”“民主政治最一般的界定是把它等同于公正、可靠、定期举行的选举”。“它另一被普遍接受的形象是，把它等同于多数派统治。无论是在全体选民、议会、委员会、城市委员会，还是正常的秘密会议里出现的多数派，只要它联合了超过，半数以上的合法选票，那么任何这样的支配实体的决策就可以说成是‘民主’的。”[④]竞争也经常被认为是民主政治的本质属性。虽然，民主得到了普遍的颂扬，但不可否认的是随着社会、经济以及文化的发展，对民主理念的挑战也越来越严峻。为此，胡佛研究所的资深研究员戴尔蒙德(Larry Diamond)指出：民主在世界所经历的许多问题都是源自民主本性中的三种紧张和悖论：一是冲突

① [美]罗伯特·达尔著：《论民主》，李柏光、林猛译，商务印书馆 1999 年版，第 118 页。

② [美]约瑟夫·熊彼特著：《资本主义、社会主义与民主》，吴良健译，商务印书馆 1999 年版，第 259 页。

③ [美]约瑟夫·熊彼特著：《资本主义、社会主义与民主》，吴良健译，商务印书馆 1999 年版，第 394 页。

④ 刘军宁编：《民主与民主化》，商务印书馆 1999 年版，第 25 页。

与认同之间的矛盾；二是代表性与治国能力的冲突；三是同意和效能之间的矛盾。[①] 戴尔蒙德无疑深刻地解释了民主理念内涵的困境所在。

二、治理理论中的民主理念

治理理论的产生，从宪政意义上可以视为突破民主两难困境的一种尝试，也是对传统代议制民主的一种矫正，即在现有的代议制民主的框架内增加直接民主的含量。治理理论主张，"各国政府并不完全垄断一切合法的权力，政府之外，社会上还有一些其他机构和单位负责维持秩序，参加经济和社会调节"[②]，形成所谓多中心治理的格局。这其实就是在吁求更大程度上的自治权，进一步提高公民社会的自主性。此时，民主更多地被理解为是在宪政制度的基础上，依靠发达公民社会和丰富的社会资本，依靠人民自治的共同体，获得参与公共事务管理的权利，并实际地参与公共事务决策和管理的过程。一个国家的民主的程度，最终的体现是看政府的公共决策，即政府向社会所提供的公共产品和服务，是否均衡合理地体现了有关阶层和群体的利益。因此，衡量一个国家民主的最主要标准就成为：公民是否有权获得公共领域的资源，并能够直接参与公共资源管理的过程。民主不再是像过去那样仅仅被等同于有权利的公民选择自己的民意代表，由民意代表组成的代议机关代为决定公共事务政策，然后依靠行政的或技术的官僚执行公共事务管理任务。[③]

此时的民主政治，其真正落实不是依赖定期走进投票站，或代议政治或压力团体政治，执政政府和常任制的文官具有民主行政的胸怀才是巩固民主政治精神的基石。一个政治环境高度民主化的社会，倘无高度民主的行政治理结构和程序相配合，民主政治将有致命的缺陷。而真正的民主必然是民主目的与民主手段的统一。[④] 民主不再仅仅是被理解为自由选举的传播，它还应该包括建

---

① 刘军宁编：《民主与民主化》，商务印书馆 1999 年版，第 122—125 页。

② [瑞]皮埃尔·德·塞纳克伦斯：《治理与国际调节机制的危机》，载俞可平主编：《治理与善治》，社会科学文献出版社 2000 年版，第 241 页。

③ 孙柏瑛著：《当代地方治理——面向 21 世纪的挑战》，中国人民大学出版社 2004 年版，第 58 页。

④ 顾丽梅著：《信息社会的政府治理》，天津人民出版社 2003 年版，第 266 页。

议、参与、协商、公民权、参与范围及真实性等。[①] 雷泽克把民主视为是在以下三个维度任何一方面的进展：公民权、活动范围和真实性。公民权是指在某种政治环境下的参与程度——不只是能够在选举中投票，且能够进行公众质询。活动范围是指在集体控制下的生活领域。真实性指相互作用能够免于支配、操纵、欺骗和自欺的程度。现代民主政治追求的自主权和平等权也具有较为丰富的内涵。民主对自主权的肯定体现在两个层次：一是在个体层次上肯定了个人有独立处理属于自己事务的权利；二是在社会层次上肯定了社会成员参与社会管理的权利，即政治参与权。民主对平等权的肯定也体现在两个方面：一是将公民权利普遍化，相互尊重对方的自主权；二是肯定了平等协商的正当性而否认了强制的正当性。[②]

三、中国民主政治发展的目标

民主化是中国政治行政发展的当然目标。长期以来，我国学术界一直热衷于研究政治民主问题，而忽略了行政民主问题，有关公民与国家的关系的讨论往往集中在政治性公民资格方面，集中关心公民行使选举权、被选举权、陪审权等政治性权利的能力及其限制问题，偏向于将行政当局置于“被管理者”之上。在政府行政与公民个人之间的关系中，政府行政被认为当然是保护集体利益的，因而政府行政应具有优越地位。而个人则被分解为公民和被管理者或被治者：作为公民，个人拥有公民权利，处于积极位势；作为被治者，个人又是行政当局的属民，处于消极位势。作为公民，个人在政治权力面前意气风发，指点江山；作为被治者，个人在行政权力面前俯首帖耳，任其摆布。[③]

当前，在全球政治民主化大趋势的影响下，随着社会公众及各种公众组织自主意识的提高，公众已越来越不满足于仅仅通过代表机关来代表自己间接地参与政治，而希望能够由自己信任的团体组织甚至由自己直接参与政府行为过程。因此，重新认识和确立公民与行政的关系，已成为当代宪政理论与宪政体

---

① 转引自何包钢著，陈承新译：《中国的参与和协商制度》，载陈剩勇、何包钢编：《协商民主的发展》，中国社会科学出版社 2006 年版，第 93 页。

② 周光辉：《超越政治学》，载《吉林大学社会科学学报》1999 年第 9 期。

③ 张旭光：《行政民主论》，载《青海社会科学》2000 年第 5 期，第 17 页。

制改革的一项重要任务。作为政府与社会关系的具体化，政府与公众的关系在市场机制和市场观念的作用下日益凸现出来，公众在市场机制中强化了主人翁意识、平等意识和利益观念，这实际上要求政府在公共行政过程中要充分尊重作为国家主人和纳税人双重角色的公众的政治民主权利和经济合法权益，处理好政治民主与行政民主的关系：政治民主与行政民主是民主发展的两种相互内在联系着的重要形式，两者相互补充、相互支持。当前我国发展行政民主主要应有以下几个方面：

一是行政公开。行政公开，是指行政机关以民主、开放的精神从事行政管理，依法保障公民知政权、参政权和监督权的活动原则和方式，它是一种与封闭行政相对应的行政活动方式。① 行政信息公开是行政公开的重要表现形式，它是指行政主体存在的法律依据、行为依据以及在行政行为的过程中产生、获得的一切与行政行为直接相关的信息。从行政民主的要求看，行政权力的行使必须有法律依据，而且必须是事先以法定形式向社会公布的法律法规。行政过程公开是行政公开的主要内容，包括行政决策、行政执行和行政监督等方面的公开。行政民主要求政府决策过程更加透明化，这一过程往往直接与公民权利与义务息息相关，有利于减少公民获取事实信息的不通畅性和交易成本过高的问题，也有利于及时矫正政府行政偏差。

二是公民参与。公民参与有广义与狭义之分。狭义上的公民参与，指公民在代议制政治中参与投票选举的活动，即由公民参与选举出代议制机构及人员的过程。而广义上的公民参与除了政治参与以外还必须包括所有关于公民的公共利益、公共事务管理等方面的参与。② 在这里，公民参与指的是广义上的用法。公民参与不仅是政府改革的动力，也是政府改革的目标。马克思主义认为："重要的就是普遍吸收所有的劳动者管理国家，……只有千百万人学会亲自做这件事的时候，社会主义才能实现。"③我国宪法也明确规定："人民依照法律规定，通过各种形式和途径，管理国家事务，管理经济和文化事业，管理社会事

---

① 王亚范、阎如恩：《行政公开概念辨析》，载《东北师大学报（哲学社会科学版）》2004年第1期，第31页。

② 魏娜：《公民参与下的民主行政》，载《国家行政学院学报》2002年第3期，第20页。

③ 中共中央马克思恩格斯列宁斯大林著作编译局编：《列宁选集》第27卷，人民出版社1972年版，第123页。

务。”理论上,公民有权依法参与对国家事务、社会事务、经济文化事务的管理是人民主权思想的重要内容,是衡量政治民主化的重要标尺。治理理论所强调的公开、透明、回应性等理念最终也必须通过决策民主化和管理民主化,也即通过公民的公共参与才能实现。政府要提供更多和更方便的沟通渠道,和不同利害关系者、议题关心者等社会力量持续对话,这是民主的真谛。[①] 因此,公民参与是行政民主制度的重要方面,是监督政府、培养和造就健康与负责任的公民的基本途径。在参与的过程中,政府和公民双方都可达到自己的最大目的,从而得到健康和谐的发展。

三是社会自治。在我国政府看来,基层民主与基层自治密不可分,通过实行民主选举、民主决策、民主管理和民主监督,基层组织可以为公民提供最初的民主训练。在基层自治的过程中,可以让公民获得基本的政治技能和心理感受,从而为他们参与国家政治生活提供知识积累。因此,基层组织对于我国民主化进程来说有着实质性的意义,它是马克思主义自治理论与我国城乡实际相结合的产物,是社会主义民主在我国基层社会生活中的重要体现。

综上所述,政治民主为人民管理国家、维护自身权利设定了制度基础,提供了权力运行的政治基础。在政治民主的约束和规范下,只有最大限度地实行行政民主,让公民的知情权、参与权、监督权等渗透到行政权力行使的全过程,实现对行政权力事前、事中、事后全过程的积极参与和消极控制,才能使行政权力真正体现民意,满足社会公众需求。因此,中国民主政治发展的目标应该是政治民主与行政民主相结合的模式,以选举为基础的政治民主是根本,以参与为特征的行政民主是不可缺少的组成部分。

第二节　乡镇政府应该维护民主权利

一、基层民主具有的基本特征

民主大势不可逆转,民主的潮流不可阻挡。乡镇政府在行政活动过程中,

① 顾丽梅著:《信息社会的政府治理》,天津人民出版社 2003 年版,第 267 页。

承认政府的有限性，谋求政治权力与民主权利的互动，通过发挥人大代表的作用，通过在公共决策的执行和监督中引入群众的意见，体现出民主化的优势，促进基层民主政治建设。基层民主应该具有以下一些基本特征：第一，基层民主应该具有可操作的内容，这些内容通过各级党委和政府的积极引导能够达到制度化和规范化。这样，有利于增强基层民主制度的操作性和务实性，也有利于扩大村民拥有的权利。

第二，基层民主应该具有广泛的群众基础。为了吸引村民参与，一定要把村民自身利益和公共利益结合起来，对自身利益和公共利益的关切是基层民主的基础。基层民主制度化和规范化要为村民表达自己的意见找到一条可行的途径，形成最好的利益表达机制。

第三，基层民主应该是一种过程民主，应该是渗透到村公共事务每一个重要环节中的民主。在处理村公共事务方面，村民拥有充分的事前知情权和参与权，事中参与权、决策权和监督权，事后监督权和评价权。村民必须享有这些重要的基层民主权利，使公共事务真正成为村民可以掌控的事务，使基层腐败能够得到最大限度的抑止。

二、乡镇政府促进基层民主建设的重要性

法国著名的政治思想家托克维尔把最小的政府单位看成是民主社会的最基本的单位。他认为，地方自治制度是民主社会的重要基础。“镇民会议对于自由就像小学对于科学；它们在人们所能及的范围内将自由带给人们，它们教人们如何利用以及如何享受自由的福祉。”[①]就是在那里，人们学会了结社的科学和艺术。他们与社会现实的接触更加紧密，并很少受到以抽象的普遍化方式来错误确定问题的影响。当公民们开始意识到人类社会生活的反意识和反直觉特性时，他们就开始准备由他们自己承担起包括政治领域在内的更大更多责任。党的十五大报告也明确提出：“扩大基层民主，保证人民群众直接行使民主权利，依法管理自己的事情，创造自己的幸福生活，是社会主义民主最广泛的实践”。

---

① [法]托克维尔著：《论美国的民主》，董果良译，沈阳出版社 1999 年版。

基层，是整个社会的细胞，是人民群众最基层的生活和活动环境。而基层民主，不仅是整个社会民主的基础、人民当家作主的最直接的表现形式，而且是国家与社会良性运作的最有效的手段。在中国，农业、农村、农民这“三农”问题，核心是农民问题。而农民问题的关键又在于农民的利益及其权利的充分体现，而这些问题的最终解决办法则是满足农民“当家作主”的民主夙愿。农民占我国人口最大比例，农村基层是我国最大、最现实的基层，农村基层民主的兴衰进滞，关系到我国社会主义现代化建设的整个进程。所以，加强农村基层民主建设、维护农民民主权利具有重要的现实意义。乡镇政府作为直接联系群众的最基层政府单位，理所当然需要维护民主权利，促进基层民主政治建设，其重要性表现如下：

第一，维护农民民主权利、加强农村基层民主建设，有利于加速实现社会主义现代化。社会主义现代化关键在于农业现代化，农业现代化不能没有广大农民的积极参与。随着国家现代化的不断发展，农民的状况有了很大的变化。但是，与发达国家相比，我国的农民仍占全国人口的大多数，农业依然是国民经济的基础，我国还是一个农业大国。尽管我国的农业迅速发展，但离农业现代化的目标还很远。这在很大程度上要靠我们党积极领导农村建设，不断发展和扩大基层政治民主、经济民主和社会民主来实现。

第二，维护农民民主权利、加强农村基层民主建设，有利于巩固和发展改革开放的成果。改革开放以来，我国在农村、农业和农民方面取得的主要成果有：

(1) 在农村，实行了“统分结合，双层经营”的家庭联产承包责任制。这种生产责任制的基本特征是确认生产者在劳动和经营上具有相对的独立性和自主性。农民在“承包”的基础上分散劳动、分散经营，不仅意味着农民能够享受到经济上的民主权利；同时，通过“承包”实现集体的统一经营，也意味着承包者必须承担其应尽的义务。这样，就把农民在经济生活中的民主权利和民主义务有机地结合起来了，从而从根本上保障了农民的经济民主权利。(2) 伴随着生产经营方式的转变，农民增强了自主管理的意识。这主要表现为农民的经济民主意识、权力意识和参政议政的政治意识以及社会民主意识的增强。(3) 村民自治形式的确立，有利于解决经济差别所导致的利益分化和新的矛盾及社会问题。村规民约、村民议事会、争创文明户活动等等，不仅调动了农民的积极性，而且为依靠农民群众在自治组织中发挥自我教育的作用提供了有效的组织形式和参与的渠道，使农村中出现的新问题得到不同程度的遏制和解决。可见，随着农村经济体制改革的不断深入和村民自治的建立和发展，不仅巩固和扩大了改革开放的成果，把农村基层的民主建设推向了一个新的发展阶段，同时也说明只有坚持给农民更多的“自主权”和“自治权”，农村的经济体制改革和政治体制改革才能相互促进、共同发展。这正如萨托利所言：“民主不仅仅是一种政治形式，它首先意味着更多的社会保障与经济利益。”①

第三，维护农民民主权利、加强农村基层民主建设，有利于扩大民主监督、化解社会矛盾，推动社会良性发展。改革开放以来，我们在农村基层民主建设方面取得了巨大的成就，但目前仍然存在着许多问题需要进一步解决：如在广大的农村基层，人民群众的基本权利还得不到充分保障，侵犯村民利益的现象还时有发生；农民甚至一部分基层干部缺乏民主习惯和法律知识及意识，还是较为普遍的现象；干群关系紧张在某些地方也还比较严重；有些地方还存在宗族、派性等干扰、左右村委会的势力等等。这些问题的最终解决，有赖于农村基层民主建设的进一步扩大和加强，有赖于农村基层干部和广大群众民主意识的进一步觉醒。

三、乡镇政府维护民主权利的载体——农村社会民间组织

著名政治社会学家吉登斯曾指出，“一个强大的市民社会对有效的民主政府和良性运转的市场体系都是必要的”。② 所谓市民社会，常常又被称为公民社会或民间社会，他们是同一个英文术语 civil society 的三个不同中文译名。关于公民社会的定义，各国学者提出了不同的定义，大体上可以分为两类：一类是政治学意义上的，强调其“民间性”，即公民社会主要是指保护公民权利和公民政治参与的民间组织和机构；一类是社会学意义上的，强调其“中间性”，即公民社会是介于国家和家庭、企业之间的中间领域。在这里我们把公民社会当作是国家或政府之外的所有民间组织或民间关系的总和，其组成要素是各种非国家

① [美]乔·萨托利著：《民主新论》，冯克利，阎克文译，东方出版社 1993 年版，第 396 页。

② [英]安东尼·吉登斯著：《第三条道路及其批评》，孙相东译，中共中央党校出版社 2002 年版，第 29 页。

或非政府所属的公民组织。民间组织是公民社会的主体,离开民间组织就无所谓公民社会。所以人们常常简单地将民间组织直接等同于公民社会。作为公民社会主要载体的民间组织有以下三个重要的特点:一是非官方性,即这些组织是以民间的形式出现的,它不代表政府或国家的立场。二是独立性,即这些组织拥有自己的组织机制和管理机制,他们有独立的经济来源,无论是在政治上、管理上,还是在财政上都在相当程度上独立于政府。三是自愿性,参加民间组织的成员都不是被迫的,而完全是自愿的。[①]

同时,治理理论也强调,民间组织是将治理理论与民主联系起来的一个重要载体。虽然,对于目前的大部分民间组织来说,由于受到经费来源问题的限制,不是与政府组织(本国政府或外国政府)关系密切,就是与营利性企业关系密切,真正独立于政府与企业的非政府组织几乎没有,但这并不影响它们在治理中促进公民实现民主权利的重要作用。这种作用具体表现为:首先,民间组织有助于促成权力主体多元化的形成。民间组织的兴起,打破了传统官僚体制下国家单独行使管理权力的一元化状态,在一定程度上促进了国家权力向社会的回归,实现了公共管理主体的多元化。第二,民间组织有利于公民实现参与政治管理的权力。民间组织作为政府与公民合作的中介,一方面,它可以成为公民利益表达的机制,把公民的愿望、请求、建议、批评传达给政府,并对政府施加压力,增强政府对公民的回应性。另一方面,民间组织在参与公共管理活动及经济活动中可以对政府政策意图及国家大政方针起到宣传作用,增加政府与公民之间的互相理解和支持,缓解政府与公民的关系,实现二者的有效合作。第三,民间组织的发展可有效促进民主行政的建立。民间组织作为一种组织力量,当然会有他们的利益需求。国家在制定公共政策、进行社会利益调整及利益分配的过程中,必然要考虑他们的利益需求,并听取他们的意见和建议,这对政府政策信息公开和民主政治建设具有极大的推动作用。因此,为了切实保障农民民主权利得到实现,乡镇政府必须尽力培育和发展农村社会民间组织。

① 俞可平主编:《治理与善治》,社会科学文献出版社 2000 年版,第 327—328 页。

第三节　乡镇政府维护民主权利的具体途径

一、改革乡镇领导的选拔任用方式

从维护政治权利的角度来看，主要是做好农村基层的选举民主工作，主要包括改革乡镇领导的选拔任用方式和加强乡镇人民代表大会制度建设两个方面。

过去，乡镇党政领导事实上是由上级任命的，基层群众对乡镇领导的选择基本上没有多大的发言权，这也决定了乡镇领导的责任导向是向上的而非向下的。随着对人民民主权利的日益重视，乡镇领导的民意基础也必须得到进一步的扩大，即应该逐步推进乡镇领导选拔任用方式的改革。

从1998年开始，许多地方都在试验乡镇党委的直接选举，从发展前景来看，乡镇长直选无疑是中国民主政治的发展方向。乡镇长直选的最主要价值体现在权力合法性来源的转变，其合法性越来越多地依赖于地方选民的选票而不是上级的任命，使乡镇长与农民及省级政府的关系发生着深刻的变化。改革方式具体包括选民直接选举乡长、“两推一选”乡镇长、“两票”选任乡镇主要领导、扩大乡镇人大代表直接提名乡镇领导干部候选人、扩大群众参与副乡镇长选拔等等。[①] 具体如下：

（1）扩大乡镇人大代表直接提名乡镇领导干部候选人的探索。在提名乡镇领导候选人问题上，法律规定的有本级人大主席团提名和本级人大代表十人以上联名提名两种方式，但在实际操作中，多以主席团提名为主，往往忽视了代表提名的方式。1998—1999年，四川省绵阳市在乡镇领导换届选举中，将代表提名的方式作为产生乡镇领导候选人的主要方式，选择了11个乡镇进行由人大代表直接提名选举乡镇长的试点。他们将乡镇长候选人由人大主席团提名和代表提名这两种方式，改为代表直接提名一种方式，并确定了候选人施政演讲、答辩和代表秘密划票、公开计票等程序。

---

① 詹成付：《关于深化乡镇体制改革的研究报告》，载《开放时代》2004年第2期，第8—10页。

（2）扩大群众参与副乡镇长选拔的探索。1998 年 10 月，四川省南部县在选举乡镇长工作中推行了这一做法。具体做法是，首先将全县所有副乡镇长职位共计 178 个，对外公开并确定竞争资格及条件，然后通过组织推荐、群众举荐和个人自荐的方法，共提名产生了 694 名初步候选人。这些人在参加演讲答辩后，有 329 名同志胜出。组织部门按得分多少对优胜者进行排队，并作为正式候选人等额推荐给乡镇人民代表大会。另外，联名 10 人以上的乡镇人大代表也可以从剩余的优胜者选择候选人，并推荐给乡镇人民代表大会。南部县用这种方法产生了 175 名副乡镇长。

（3）“三轮两票制”选举镇长的探索。1999 年 1 月至 4 月，深圳市政府在派出工作队赴现场指导的情况下，安排龙岗区大鹏镇进行了“两推一选”镇长试验。第一轮是该镇全体选民无记名推荐候选人，共有 76 人获得提名，其中 5 人被确认为镇长候选人的初步人选；第二轮是该镇的全体党员、干部、职工和农户代表在第一轮投票的基础上测评候选人，在任镇长李伟文以 813 票高票胜出；第三轮为法定的镇人大正式选举镇长，李伟文作为唯一的正式候选人由镇党委推荐给镇人大，以 45 票全票当选为新一届政府镇长。然后，在 2002 年初龙岗镇的乡镇长换届选举中，“三轮两票制”方式被搁置，由上级组织部门决定唯一候选人，然后在镇人大履行选举程序的传统选举方式又重新被使用。

（4）“两票”选任乡镇主要领导干部的探索。1999 年 4 月，山西省临猗县卓里镇进行了“两票”选举乡镇主要领导的试点。其核心内容是“对卓里镇主要干部进行民意调查”，“两票”中的一票就是民意测验票，即镇里召开由镇直机关干部、村“两委”干部、部分村民代表参加被测评人——现任镇党委书记、镇长和镇人大主席团主席等主要领导干部的述职大会。然后，结合该镇人民代表选举，全体选民在 17 个投票点通过秘密划票方式，对三位主要领导干部进行了信任、基本信任或不信任的测评。另一票就是选举票。凡在民意测评中获得大多数信任或基本信任的，党委就可以将他们作为候选人，分别推荐给党代会、人代会参加选举；否则，党委就不能推荐。

（5）选民直接选举乡长的探索。现行的《地方组织法》规定：乡、民族乡、镇的人民代表大会主席、副主席和乡镇政府领导由同级人代会选举产生。1998 年 12 月，四川省遂宁市市中区步云乡进行了直选乡长的首次试验。全乡选民共推荐出初步候选人 15 名,经选区联席会议预选,得票最多的 2 人为正式候选人,再加上乡党委提名的候选人 1 名,共 3 名候选人进入最后的乡长直选。3 位候选人经过举行竞选演说答辩会,最后经全体选民投票,选出步云乡乡长,乡人代会以鼓掌方式"确认"了这一结果。由于这一过程不符合相关法律规定,步云乡的乡长直选备受质疑。到 2001 年换届选举时,经过认真思索和广泛征求意见,步云乡在仍然坚持乡长直选的同时,将选举程序策略性地控制在了法律框架之内,即"由全体选民直接选举乡长候选人,交由党委提名,最后由人代会进行等额选举"。

(6)"海推直选"镇党委书记、镇长的探索。2002 年 8—9 月湖北省景山县杨集镇开展了这方面的试验。具体做法是:召开全体选民会议,由群众一人一票提名镇党委书记、镇长初步候选人。对群众提名的候选人,严格按得票多少,以 1∶3 的比例确定党委书记、镇长的初步候选人;之后,再分别召开全镇党员大会、全镇村(居)民代表会议,按 1∶2 的比例,推选出镇党委书记、镇长正式候选人;最后再分别召开镇党代会和人代会,差额选举镇党委书记、镇长。正式投票前,组织候选人在党代会或人代会上进行竞职演讲,阐述自己的施政纲领,接受代表的现场咨询,让代表更全面地掌握候选人的真实情况。

(7)"双推双选"乡镇领导的探索。湖北省咸安区明确提出了要逐步推行"双推双选"办法,具体做法是:① 自我推荐,资格审查,张榜公示,再由全镇党员干部和群众代表投票,"海选"乡镇党委委员候选人。② 由区委根据乡镇规模和推荐票数,确定 10～12 名乡镇党委委员正式候选人。③"党代会"直选产生 7～9 名党委委员,区委从被选中的党委委员中确定 2 名党委书记候选人,最后由党代会代表投票选举产生党委书记。④ 区委从被选中的党委委员(包括落选的党委书记候选人)中确定 4 名副书记候选人,再由党代会代表选举产生 3 名党委副书记。⑤ 在把新当选的党委书记作为乡镇长正式候选人和一名副书记作为乡镇人大主席团主席正式候选人的基础上,乡镇人民代表大会等额选举产生乡镇长和乡镇人大主席团主席,然后从其余的党委委员中差额选举产生副乡镇长。①

① 朱守银、廖洪乐、吴仲斌:《当前各地乡镇体制改革的主要做法及其比较》,载《经济研究参考》,2006 年第 42 期,第 5 页。

总之,以上乡镇领导选拔方式的改革方体现了改革的三种思路:一是突破现有法律框架,实行彻底的直接选举,由全体乡镇居民直接选举乡镇长;二是在现有法律框架下,让全体乡镇居民都参与到乡镇长选举过程中;三是在现有法律框架下,把测评作为推选候选人的方法,同时增加乡镇居民对候选人的了解。这三种思路,虽然各有其优缺点,而且各自改革都取得了不同的效果,但是有一点是值得肯定的,这些乡镇领导选举方式的改革都代表了一种民主化的方向,即扩大乡镇领导的民意基础。

二、加强乡镇人民代表大会制度建设

乡镇人民代表大会是我国地方国家权力机关中最基层的一级权力机关。做好乡镇人大制度建设,对于在基层建立真正的民主议政和民主决策机制、完善基层民主政治、保障人民当家作主的权利、实现建设社会主义法治国家的目标、维护国家长治久安以及构建和谐社会都具有极其重要的意义和作用。目前人们在谈到基层民主政治建设时,几乎都会强调村民自治的活力和作用,但作为基层民主政治的重要内容——乡镇人大还没有得到高度重视。

《地方组织法》对乡镇人大的职权明确规定:保护社会主义的全民所有的财产和劳动群众集体所有的财产,保护公民私人所有的合法财产,维护社会秩序,保障公民的人身权利、民主权利和其他权利。由此可见,保护农民群众的合法权益,乡镇人大责无旁贷。乡镇人大对人民民主权利的保护就是要保证人民依法行使民主选举、民主决策、民主管理、民主监督的权利。为了充分发挥乡镇人民代表大会的作用,主要应该做好以下几个方面的工作:

第一,理顺乡镇党委、人大、政府的关系。乡镇党委是领导核心,人大是权力机关,政府是行政机关。要做好乡镇人大工作,理顺乡镇党委、人大、政府三者之间的关系十分关键。对于乡镇党委来说,要增强人大意识,树立依法执政的观念,正确认识人大的性质、地位和作用。要加强对人大工作的领导,把人大工作纳入党委的重要议事日程,认真做好监督检查,同时要主动帮助解决人大工作中碰到的问题和困难。对于乡镇人大来说,乡镇人大应当主动争取和接受党委的领导,坚持重大问题向党委请示汇报,保证党委的合法意志能通过人大程序得以实现,同时做好监督政府的工作。对于乡镇政府来说,必须认识到乡镇政府是由乡镇人大选举产生，是乡镇人大的执行机关，必须向乡镇人大负责并主动报告工作，接受乡镇人大的监督。

第二，提高乡镇人大队伍的素质。乡镇人大的工作最终要靠人来具体实施，人的素质的高低会直接影响到乡镇人大工作的效果好坏。提高乡镇人大队伍素质，首先要提高乡镇人大主席的素质，需要选好一批年富力强、具备较强工作能力和较高群众威信的干部担任人大主席、副主席的职位。同时，要加强对乡镇人大的工作人员的培训工作，转变“不愿干、不敢干”的思想观念，提高理论水平和业务能力。

第三，强化乡镇人大的监督作用。充分发挥乡镇人大的监督作用，让乡镇人大能够真正地监督和制衡政府，大力推进社会主义民主政治建设进程，维护农民民主权利，实现农村社会稳定。以浙江省温岭市为例，2005 年 7 月，该市乡镇人大开展对政府财政预算真正监督的试验，结果促使乡镇政府预算发生变化，人大的作用被激活了。该试验表明，推动乡镇一级的人大改革，让人大有权，对于表达农民利益有好处。如果农民利益能够通过人大体制反映出来，并且能够对政府决策有所影响，就有可能从制度上根本改变乡镇的政治环境，推动乡镇一级民主政治的发展。

第四，充分发挥乡镇人大代表的主体作用。人大代表是人民代表大会制度的主体，与人民群众有着密切的联系。人大代表作用发挥的充分与否，直接影响到乡镇人大工作成效的优劣。因此，乡镇要积极开展《中华人民共和国全国人民代表大会和地方各级人民代表大会代表法》(以下简称《代表法》)的学习宣传，提高人民群众特别是乡镇领导干部对人大代表法律地位和作用的认识，为人大代表履行职务营造良好的社会氛围。要组织开展闭会期间的代表活动，使代表通过听取汇报、调查、视察、执法检查，知情知政，提高议政监督水平。要督促相关部门认真办理代表议案以及建议、批评和意见，在适当的时候还可以通报办理情况，增强办理实效，充分调动代表管理国家事务的积极性。要加强对乡镇人大代表的培训，提高代表素质，使代表掌握乡镇人大工作特点和方法，熟悉人大工作程序，增强工作能力。

三、加强和完善村民自治的建设

我国广大农村地区实行村民自治，对维护农民权益发挥了重大的作用，也为我国的基层民主建设提供可贵的经验参考。但是,就村民自治在全国的整体实施效果来说,远远没有达到预想目标,仍然存在一些需要改进的地方,我们应该从以下几个方面加强和完善村民自治建设。

一是要继续完善村民委员会民主选举制度,提高村民民主意识和民主能力。扩大农村基层民主,完善村民自治建设,民主选举是基础。做好村民委员会的民主选举工作,主要还是按照《村民委员会组织法》的规定进行,充分体现村民自治的原则精神,村委会民主选举的标准应该是民主、平等、公开、竞争、合法。因此,必须要广泛深入地开展《村民委员会组织法》的学习、宣传,尤其要做好选举动员工作,使村民充分认识村组法规定的直接民主选举的作用和意义,熟悉民主选举的规则和程序。总之,规范化的民主选举不仅可以使村干部产生荣誉感、责任感和危机感,也能充分调动村民参与的积极性和政治热情,增强广大村民的法治意识、自治意识,使其明白自己在村民自治中的主人翁地位,树立当家作主的责任感。[①]

二是要彻底推行村务公开,完善村民民主监督制度。推行村务公开,实行民主监督制度,是村民当家作主的真实体现,在村民自治中具有非常重要的作用。可以说,没有村务公开就谈不上村民自治、村民民主决策或者村民自治管理。从表面上看,村务公开会短期内暴露出许多原先隐藏的问题,造成一些不良影响。但是,从长远来看,村务公开的实行可以使得党和国家获得基层民众的支持。因此,我们应该制定具体的村务公开规定范本,细化村务公开的时间、地点、内容、程序以及罚则,交由村民会议讨论、修订和通过。比如,凡是公开的内容都要根据不同情况,分别经过村民理财小组、党员大会、村民代表会议的审议、审核或者审定后,才能向群众公布,以确保公开内容的真实性和权威性。此外,我们还应该建立政府部门监督、村委会制度监督和群众社会监督三者结合的全方位监督机制。政府部门外部监督主要是指地方政府在政策方面、民主程序方面对村委会的监督;村委会制度监督主要是指村委会组织内部的监督;社会群众监督主要是指农民群众对村民委员会和地方政府的监督。只有对村民自治工作建立起全方位的监督机制,村民自治才能走上依法自治的道路。

---

① 李俊清:《论乡村公共权力体系的改革与完善》,载《晋阳学刊》2007 年第 1 期,第 22 页。

三是完善村民议事制度，确保村民依法管理自己的事务。村民议事制度是实现民主决策的有效途径和重要形式。根据《村民委员会组织法》的规定，村民议事的组织形式就是村民会议或村民代表会议；村民议事的基本功能就是民主讨论、民主商议和共同决定。各地在这方面已经创造出了许多新鲜有用的经验，包括村民代表议事会制度、村民例会制度等等。如浙江温岭的“民主恳谈”和余杭的“民主建制”（一种村民围绕村务工作展开的、全程参与的、制度化、规范化的民主活动），都产生了良好的效果，值得各地学习、借鉴。

四是村级组织建设应该引入制度创新，比如可以尝试“村务经理”制，通过制度创新来促进村级民主、发展村庄经济、维护农民权益。目前，《村民委员会组织法》规定的我国村民自治的形式只有一种，即村民委员会模式。但是，从美国和德国的经验来看，均存在数种地方自治模式，各种模式之间存在竞争效果。而我国的村民自治模式过于单一，排除了制度竞争，不利于发现和吸纳更好的制度，也不利于村级组织应该充分发挥效用。因此，我们应该从立法的层面，考虑引入更多的地方自治模式，如“村务经理”模式，由于这种“村务经理”既可以从本村精英中雇佣，也可以从非本村精英中雇佣，有助于加快本村的开放性与发展后劲，进而提高村级组织在农村经济社会发展中的作用。

四、积极发展各类农村社会民间组织

20 世纪 90 年代以来，农民逐渐演变成为改革成本的主要承担者和利益受损阶层，而没有利益表达组织是农民利益严重受损的根本原因。农民要具备表达自身利益诉求的渠道和努力，就必须从高度分散的状态中组织起来，成立各种农村社会民间组织。农村社会民间组织应该在提高农民知识技能、促进农业产业化、增加生产收益、改善农民生活、发展农村经济、保障农民权益、维护农民民主权利等方面发挥重要的作用，具体说来有以下方面：

第一，大力发展农村专业经济协会。大力发展农村专业经济协会是提高农民组织化程度的重要途径。农村专业经济协会是从事同类生产经营的农户自愿组织起来，在技术、信息、销售、加工等环节上，实行自我管理、自我服务、自我发展，以提高会员收入为目的的组织。在农业的市场竞争中，农民最担心的是品种不优，最发愁的是技术不过关，最害怕的是产品卖不出去。这些问题实际

上反映了小生产和大市场、小经营和大市场的矛盾。希望得到产前、产中、产后的各项服务，使自己市场的产品在品种、质量、价格上有竞争优势，成为广大农民迫切需要解决的问题。而农村专业经济协会正是在市场经济条件下，沟通和联系农民和市场的纽带。农村专业经济协会的能人、专业大户能够率先推广适合本地条件的新品种、新技术，并将成功的经验推广到会员，从而形成一户带十户、十户带一村、一村带一片的传播效应。

第二，加强农村社会文化组织建设。从目前来看，一是要重视民间的"自乐"活动。现在许多农村都产生了一些自娱自乐的民间文艺团体，深受群众喜爱。比如，具有民族风情的灯会、花会、赛歌会、家庭演唱队、老年合唱团等。对这些农村文化组织，我们应该要根据当地实际，在演出形式、节目内容、资金投入等方面积极引导，大力支持，促进其健康发展。二是要充分发挥各类理事会的积极作用。红白喜事理事会、修路理事会、环境整治理事会等各类农村理事会近年来在农村迅速发展。这类村民自发组织往往由农村党员、致富能人、妇女骨干、离退休干部等组成，在倡导移风易俗、修路、改水、拆旧建新、发展新产业等方面发挥重要作用。三是要着力培育解决农民实用问题的民间组织。这样，既是对农村文化体系建设的完善，也是解决农村社会问题的有效办法。

第三，努力培育各类公益性慈善组织。改革开放以来，我国的经济和社会建设得到了快速发展。但是，对于农村而言，仍然存在很多的问题，如就医难、养老难、孩子上学难等问题，贫困人员的保障、救助和残疾人的生活等问题。这些问题的解决，一方面需要农民自身的努力，寻求经济发展的路子，另一方面也需要有一个将民间的人力、物力、财力等资源聚集起来，重新分配到最需要的地方，用来扶危济困、安老助孤、赈灾救贫，在政府与贫困人员之间充当"解困使者"的组织——慈善组织。

五、促进和完善乡镇政务公开

乡镇政务公开是加强社会主义民主政治建设，改进政权机关施政方式和工作作风的重要措施，对于促进依法行政，强化对权力的监督制约，密切党群干群关系，推动经济和社会发展都具有非常重要的作用。这项工作是直接在中央的部署下进行的。1997 年，民政部在山东省邹城市北宿镇召开了"全国乡镇政府工作规范化建设现场经验交流会”，总结推广了北宿镇依法建制、规范管理、公开政务、服务群众的经验。2000 年 12 月，中办、国办发出《关于在全国乡镇政权机关全面推行政务公开制度的通知》，在全国乡镇政权机关和派驻乡镇的站、所，全面推行政务公开制度。做好乡镇政务公开工作，具体体现在：

第一，建立健全乡镇政务公开制度。为了保证乡镇政务公开的质量，必须加强乡镇政务公开的制度化、规范化建设。在公开的原则上，强调凡是与群众利益密切相关的事项，只要不涉及党和国家的机密，不影响社会稳定，都要在一定范围采取适当方式，向干部群众和社会公开。在公开内容上，强调要将农民最关心的热点、难点、焦点问题，都要予以公开。为保证公开内容的公正、真实，在公开前需要经过乡镇政务公开监督小组审核，或者先征求群众意见后才能公布。在公开载体上，强调要普遍建立政务公开栏和政务公开办事厅以及政务公开投诉监督室。有条件的地方，还应采取书刊、电视、网络等多种公开途径。在公开时间上，强调区别事项性质，在不同的时间予以公开，如经常性工作定期公开，阶段性工作逐段公开，临时性工作随时公开。

第二，将基层站所的工作纳入乡镇政务公开的范围。设在乡镇的基层站所是现阶段农村基层工作的热点问题，也是与人民群众打交道最多、最直接的部门，人民群众从这些基层站所可感知到党委、政府的形象。但由于受到管理体制的影响，这些基层站所多数不属于乡镇政府直接管理。如果乡镇政务公开缺少了基层站所的内容，老百姓就无法了解到全面的信息，乡镇政务公开就无法体现出其应有的良好效果。因此，乡镇政务公开，必须包括基层站所的工作内容的公开。只有实现了乡镇与站所的条块联动，才能实现真正意义上的乡镇政务公开。

第三，加强对乡镇政务公开的监督制约机制。乡镇政务公开既要靠自觉，更要靠监督。因此，我们必须加强监督制约，保障乡镇政务公开落到实处。一是实行责任追究，对违反政务公开规定的行为，坚决予以查处；二是开展民主评议，可以从乡镇人大代表、离退休干部、村干部和村民中聘请政务公开监督评议员，由他们定期不定期地对乡镇政务公开进行评议，把群众监督落到实处；三是加强监督检查，由上级相关部门组成检查小组，对乡镇政务公开工作进行全面的检查，督促各乡镇做好乡镇政务公开工作。

第六章　竞争性:
乡镇政府服务职能实现方式的思考

第一节　农村公共产品的类型及其提供要求

一、公共产品的含义

公共产品也被称为“公共物品”,系指一种非排他性的抽象物品或者服务,奥尔森将其通俗化为“如果某个人可以使用,那么,必须是所有的人都可以使用的物品或者服务”。[①] 关于公共产品的研究,保罗·萨缪尔森的贡献是开创性的,因为在他1954年及1955年发表的著名论文之前,无论是政治学、管理学,还是经济学,对于公共产品的规范研究并不深入。在论文中,他分析了公共产品的定义、生产公共产品所需资源的最佳配置以及政府税收体系的设计等关键性问题,并给出了相应的答案,这决定了理论界此后的研究历程。

萨缪尔森关于公共产品的定义是从物品的消费特征入手的。任何物品的消费都有两方面的特征,一是消费的排他性(exclusivity)程度;一是消费的竞争性(rivalry)程度。所谓排他性,就是拥有产权者是否能够完全独自享用该物品,拥有绝对的处置权,并能有效地排除他人对该物品的占有。所谓竞争性,是指某种物品的消费者的增加,是否会引起边际成本的增加。边际成本的没有增加包含两方面的含义:一是生产方面不需要追加资源的投入;二是消费方面不会引起质量和数量的消损,即不会带来拥挤成本。

因此,一般认为公共产品具有以下两个特征:① 消费的非排他性,即这种

① [美]曼瑟尔·奥尔森著:《集体行动的逻辑》,陈郁等译,上海三联书店、上海人民出版社1995年版,第38页。

产品一旦生产出来就很难甚至无法拒绝被他人或厂商使用;② 消费的非竞争性,即新增加的消费者使用该产品的边际成本为零。正是因为公共产品具有非排他性和非竞争性的特征,即公共产品的成本和收益不能被内部化,所以公共产品的核心供给主体只能是政府等公共部门。政府虽然不必是唯一的公共产品供给主体,但它的某些职能和责任却不能被放弃,而且很多公共产品也只能由政府来供给。由于治理所形成的主体多元化现实,政府在公共产品的供给方面,既不能推卸责任,也不能大包大揽,而应该建立公共部门与私营部门、民间组织的合作伙伴关系,并通过有效的、激励性的制度安排鼓励其他社会主体参与供给。

二、农村公共产品的构成

按照公共产品的理论,所谓农村公共产品,是指满足农村公共需求,市场不能提供或者不能完全由市场提供,具有非竞争性和非排他性的社会产品或服务。[①] 很显然,这些社会产品或服务会使农村受益,农民受惠,但外部性的存在又使得有些社会产品或服务的受益范围不仅仅局限于农村地区。中国的农村公共产品不仅具有公共产品的一般属性,即非排他性、非竞争性和外溢效应显著。此外,中国的农村公共产品还具有自己的特点:一是农村公共产品利用效率相对较低。由于我国农业生产以分散经营为主,村庄布局比较松散,农民居住分散,因此导致一定范围的农村公共产品利用效率相对较低。二是农村公共产品具有相对高的外在经济性。正是由于农村公共产品利用效率较低,其所可能产生的溢出效应就会越明显,容易产生高的外在经济性。三是对政府的高度依赖。我国农村公共产品具有以上两个特点,导致农村社区大量的公共产品不可能靠农民个体提供,而需要依赖政府。农村公共产品主要有两类:一是纯粹的共享的公共产品,因为无须配给,因而在经济上并不取舍权衡,消费者也就不必通过竞争的途径获取。二是共同的财产及其服务,如村集体财产,它对成员的身份具有强制性的特征,往往在使用上有一定的限制。具体来说,农村公共

① 农业部课题组:《建设社会主义新农村若干问题研究》,中国农业出版社 2005 年版,第 89—94 页。

产品的构成可以分为：

第一，纯粹的公共产品，如大型骨干水利工程、农业基础科学研究、气象、农业区划、种子培育、全国性的水土保持工程、农村道路建设以及全国性的农业病虫害防治等。

第二，准公共产品，如地区性的农业病虫害防治、中小型水利工程、农业科技教育、农技和农业机械推广、农村电力、节水农业等，通常既有社会受益又有生产者个人受益的特点。

第三，基本需要的公共产品，如灌溉、收获、庄稼看护，湖泊的渔业资源利用，种植、养殖的供产销联合体，乡村道路以及农产品的加工和流通等。[①]

三、农村公共产品供给的要求

在农村社会专业化分工程度比较低的情况下，传统农业和农民对公共产品的需求很少会表现为货币化的需求。因此，如果按照经济学的规范要求，我们很难在数量上确定传统农村社会对公共产品的需求，我们只能从规范分析的角度，来讨论现阶段供给农村公共产品的要求。

一是不同类型的公共产品应该有不同的供应主体。毫无疑问，在农村公共产品供应的所有主体中，政府应该发挥主导作用。当然，强调政府的主导作用，并不意味着所有的事情都应该由政府来包办。从地域上说，村范围的公共产品是否供给以及供给多少，应该由农民自己来决定，而国家或政府只能起到指导、协调和监督作用。而非村范围内的公共产品供给，原则上应该由政府来负责，但要具体到哪一级政府来提供，则要根据这些公共产品的受益范围来确定。一般来说，受益范围较大的公共产品，应该由高一级的政府来提供；而受益范围小的公共产品，应该由低一级政府来提供。从性质上看，纯公共产品由于只有外部收益而没有内部收益，即其收益具有完全的外溢性，只能由政府组织负责提供。准公共产品的收益具有部分的外溢性，其供给一般采取政府补贴和私人投资相结合的方式，由政府和农民私人混合提供。基本需要的公共产品外溢性较小，且受益群体相对固定，属于俱乐部产品的范畴，其提供只需农民经过简单的

① 吴新叶著：《农村基层非政府公共组织研究》，北京大学出版社 2006 年版，第 115—117 页。

联合或者合作即可实现。

二是要以人为本，优先解决广大农民生存、发展的基本保障问题。我国传统城乡分治的政策框架，是以“市民”与“农民”身份的严格区别为其制度基础的。这种因身份不同而采取不同政策的制度安排适应了当时特定历史阶段的特殊要求。社会发展到了今天，是该赋予农民国民待遇的时候了。根据我国《宪法》的规定，中华人民共和国公民在年老、疾病或者丧失劳动能力的情况下，有权从国家和社会那里获得资金帮助。实际上，农民由于“身份”的限制，并没有真正享受到国家和社会理应为他们提供的用于基本保障的公共产品，农民的基本保障还是只能寄托在那一小块承包地与自己的儿孙身上。在以前农民的承包地和儿孙较多的情况下，这种基本的保障可以得到勉强维持。但是，随着农民承包地越来越少和计划生育政策的推行，农民依靠承包地和儿孙维持基本保障的这一做法亟须改变。我们应该从现在出发，从农民最迫切需要解决的某一问题着手，逐渐探索出一条切实可行的、可以根本解决这一问题的途径。

三是应该坚持城乡统筹发展的政策取向，改变重城市轻农村的财政支出政策，向城乡提供均衡的公共产品和服务。从国外成功的经验来看，在工业化和城市化达到一定程度之后，工业反哺农业、城市帮助农村是解决城乡矛盾、寻求国家均衡发展的必然选择。在此过程中，政府的观念转变、政策的制定对于农村面貌的改变将会起到非常重要的作用。例如，自 20 世纪 70 年代开始，韩国中央政府为改变城乡发展不均衡的局面，自上而下发起了一场“新村建设”运动。为了推动这一运动的顺利开展，中央政府每年都列出了专门的预算，加大对新村建设的支持力度。同时，为了调动地方政府参与这一运动的积极性，转移支付改变了过去对地方政府支农资金的拨款方式，从以前的无偿拨款改变为奖励拨款。在中央、地方、社区及农户多年的共同努力下，韩国在广大的农村地区投资建设了大量的农田水利设施、乡村道路、能源设施等。这些基础设施的兴建，极大地改变了农村的面貌，促进了农业结构的高级化进程，改善了农民生活，缩小了城乡之间的差距。韩国的成功经验，为我国建设社会主义新农村提供了很好的借鉴。因此，我国应该在“建设社会主义新农村”的战略部署下，以建立“农村新型医疗保险制度”为突破口，根据农民对公共产品的需求程度，不断调整财政支出结构，建立起统一的城乡一体化的社会保障制度、劳动力市场、义务教育和公共卫生事业等,以彻底改变长期以来形成的城乡分割的二元社会结构。[①]

四、乡镇政府应该供给的农村公共产品

乡镇政府作为直接面对农民群众的一级政府组织,在供给农村公共产品过程中应该发挥重要作用,具体表现如下:[②]

一是供给基础设施类农村公共产品。现阶段,乡镇政府为农民供给农村公共产品,主要就是为农业提供基础设施,做单个农户做不了的事情。农村的水、电、气、路建设长期没有得到有效维护,实行家庭联产承包责任制后,部分人民公社时期积累下来的基础设施已经受到很大的损害,严重影响了农民的生产生活,必须进一步建造和完善。水、电、气、路建设是公益性项目,在农业和农村发展中具有基础性、全局性、长远性影响,是农业兴旺发达、农村繁荣稳定、农民安居乐业的重要保障。但是,现实经济的客观性决定了农村自身无法提供基础设施,而县级政府又很难照顾到农村的实际。因此,在农村公共基础设施的建设方面,需要改变以往一家一户的单干行为,在县级政府经济的积极支持下,乡镇政府必须主动承担组织和发动群众这样一个组织者的角色,做好项目建设中土地征用、关系协调等工作。乡镇政府在基础设施建设方面的积极介入是保证农业继续发展、提高农民生产积极性的前提。

二是供给社会稳定类农村公共产品。随着改革的不断深入,农村社会治安正面临着"大案不多、小案不断"的局面。因此,维护农村社会稳定,是乡镇政府的重要职能。在乡镇的管辖区域内,它维护着整个区域内农民的生命和财产的安全。乡镇政府需要为农民建立一种农村治安机制,让农民在安全的环境下生产与生活。比如,要推进社会治安综合治理,坚持"打防结合",建立健全矛盾排查调处机制,实行矛盾目标管理责任制;深入开展"法律进万家"和"建设文明法治新农村"活动,加强法制宣传教育,增强农民法治意识;加强基层基础工作,建立多种形式的群防群治队伍,把不稳定因素化解在萌芽状态,做到小事不出村,

---

① 辛波、杨海山:《论农村公共产品供给制度的变革》,载《山东社会科学》2006年第4期,第35页。

② 赵中社:《转变乡镇政府职能,建设社会主义新农村》,载中国(海南)改革发展研究院编:《中国新农村建设:乡村治理与乡镇政府改革》,中国经济出版社2006年版,第227—228页。

大事不出镇。

三是供给农村公益类公共产品。农村教育和医疗卫生服务不足，农村公益事业发展严重滞后。基础教育、医疗卫生、社会保障等农村公益类公共产品，与农民关系密切，是影响和制约农村发展、农民富裕和农村稳定的重要因素。就目前中国的国情来看，在农村的义务教育方面，现阶段农民的受教育程度普遍比较低，乡镇政府在农民基础教育方面缺少必要的服务功能。在农村医疗卫生方面，乡镇政府的服务更少，农村的医疗条件相比城市而言水平非常的低，农民极度缺乏相关的医疗保健服务。因此，乡镇政府要把工作重点放在提供公共服务上来，加快发展农村公益事业，进一步改革和完善农村的公共服务体系；普及和巩固农村九年义务教育，稳妥推进新型农村合作医疗制度试点工作，建立健全农村卫生医疗网络，改善农民的医疗卫生条件，努力让每个义务教育阶段的农民子女都能上得起学，让每个患病农民都能得到治疗，继续完善农村养老和最低生活保障制度。

四是供给乡村文化类农村公共产品。文化建设是农村非常重要的工作，对农村的面貌改变具有革命性的作用。文化是秩序和制度的基础，没有文化，多好的制度移植过来也很难见到成效。目前，农村文化建设相对滞后，一些腐朽没落文化乘虚而入、沉渣泛起，封建迷信活动死灰复燃，宗族宗派势力抬头。要发挥乡镇政府在农村文化建设中的引导、规范和服务功能，加强农村文化建设，用先进文化占领农村文化阵地，要坚决扫除封建残余文化，严厉打击封建宗族宗派势力，坚决制止修庙建宗祠等封建迷信活动。要大力推进文明生态村建设，尊重和发挥农民的主体作用，引导农民群众革除陋习，破除迷信，移风易俗，美化乡村环境，树立文明新风。认真抓好人口和计划生育工作，大力倡导婚育新风，教育、引导农民群众转变婚育观念，实现人口与资源环境、经济社会的协调发展。

第二节　具有竞争性的两种公共产品供给模式

随着世界范围政府改革的深入，各种竞争机制越来越多地被引入到公共产品的供给过程中，形成了两种主要的具有竞争性的公共产品供给模式：一种是政府在供给公共产品的过程中引入市场机制,即公共产品市场化供给模式;另一种是政府将一些原来由自己承担的职能转移给社会,即公共产品社会化供给模式。

一、公共产品的市场化供给模式

自20世纪80年代起,当代发达国家政府纷纷开始从自由市场上退出,一改过去大规模政府干预的政府管理模式,同时重视把市场竞争机制引入公共服务的供给和需求领域,强调公共产品供给的竞争性。其中,市场化模式就是引入竞争机制供给公共产品的模式之一,戴维·奥斯本和特德·盖布勒在《改革政府——企业家精神如何改革着公共部门》一书中将竞争分为三类[①]:一是公对私的竞争,即让公营组织和私营组织都来提供公共服务,从而促使其竞争;二是私对私的竞争,即政府要求私营企业彼此竞争,以提供一些公共服务;三是公对公的竞争,即政府促使自己内部组织之间进行竞争,以达到良好的服务效果。

公共产品的市场化供给模式需要服务供给主体中有个体私营部门的大量参与,政府在不放弃"掌舵"作用的前提下,通过引进市场机制调动社会一切可以利用的资源和力量来提高政府供给公共产品的能力。而且,在供给这种公共产品的过程中,生产者并不放弃以盈利为目的。不论是私人投入还是承包经营等,有利可图都是这种公共产品生产者的行为动力。公共产品的市场化主要包括三层含义:[②]一是将政府的决策和执行相分离,即政府更多的是"掌舵"(决策),而不是"划桨"(执行)。但是,政府的决策和执行分开,并不意味着由私营部门承担原先政府部门承担的公共产品的生产任务就一定有效率。为了保证公共产品的生产一定有效率,关键点是要保持供给公共产品的组织之间存在竞争,须以竞争来代替垄断。萨瓦斯主张将政府的"掌舵"与"驾驶"作用分开,就是要谋求政府权威的功能优势和市场交换的功能优势的有机结合。而在公共产品供给过程中将公共产品"供应"和"生产"分开的思想,更有助于将政府的决策和执行功能相分离。二是保持公共产品的供给者多元并存,打破垄断,竞争

---

① [美]戴维·奥斯本、特德·盖布勒:《改革政府——企业家精神如何改革着公共部门》,周敦仁等译,上海译文出版社1996年版,第63—68页。

② 宋世明:《工业化国家公共服务市场化对中国行政改革的启示》,载《政治学研究》,2000年第2期。

发展。在公共产品"供应"和"生产"分开思想的指导下，供应主体和生产主体都可以多元化，特别是生产主体多元化值得重视。正如菲茨杰拉德（Randall Fitzgerald）所认为的政府直接供给公共产品是"无效的"，私营部门参与公共产品的生产是"节约成本的、富有创意的、民主的"。[①] 萨瓦斯还强调要"更多地依靠私营部门的制度安排，而较少地依赖政府去满足社会需要"[②]。三是指公共产品的消费者具有相当的选择权利和用以选择的资源，能够在多元的供给者之间进行选择，以最大限度地满足个人的需求。为了使公共产品的供给更好地满足社会公众的需求，除了强调公共产品的供给主体，包括供应主体和生产主体多元并存之外，我们还必须重视对公共产品供给主体的监督约束作用，即增大公共产品消费者的选择权利和借以选择的资源。

二、公共产品的社会化供给模式

公共产品的社会化供给模式是指政府调整自身的运作机制并调动尽可能多的社会力量，以社会需求为导向来供给和改善公共产品的模式。社会化供给主要就是一种志愿服务的模式，这种模式随着社会的发展在公共产品的供给中发挥着越来越重要的作用。自 20 世纪 80 年代以来，随着市场失灵和政府失灵的同时出现，社会民间组织力量在全世界范围内得到了极大发展，其在社会公共产品的供给过程中也发挥着越来越重要的作用。[③] 公共产品的社会化供给模式主要包括三种基本形态，即个人的志愿服务、社会民间组织的志愿性服务或非营利性的收费服务、社区提供的公共产品。

这种社会化提供公共产品的模式具有明显的优势，主要表现在以下几个方面：一是具有贴近基层、贴近群众的优势。由于这种服务大多数不以营利为目的，即使存在利润也只可能是微利，比起市场化模式在公共产品的供给和管理上更能体现出人本性原则。因此在解决社会问题、提供社会服务和增进地区的

① 转引自宋世明：《美国行政改革研究》，国家行政学院出版社 1999 年版，第 121 页。

② ［美］E. S. 萨瓦斯著：《民营化与公私部门的伙伴关系》，周志忍等译，中国人民大学出版社 2002 年版，第 70 页。

③ 唐娟：《政府治理模式研究——以公共物品供给模式多元化为研究视角》，北京大学 2002 年博士研究生学位论文。

共同利益方面，这种模式常常都能遵循自助、互助、助人的原则和自主解决社会问题的精神，具有减少市场机制的负面效果、增进人际和谐的作用。二是这种公共产品提供模式更具有灵活性。这种服务模式主体的多元性决定了它的政治性不强，官僚化程度低，同时由于第三部门更加贴近社会群众，能够对新出现的社会问题反应敏捷，并能激活社会的力量。因此，社会化供给公共产品的方式可以根据不同情况及时作出调整，具有对受助者的需要反应更为积极、直接的优势，进而有助于避免国家机构的官僚作风的弊端。三是这种服务模式更具有创新性[①]。这种创新不仅包括技术创新，如印度的社区初级保障体系、无烟炉、卫生厕所的发明和推广等都是第三部门主持完成的，同时第三部门由于其灵活性在制度创新上也更容易开发出自治服务的新领域。当然，公共产品社会化供给模式的实现也还需要一定的现实基础，主要包括以下几个方面：一是社会经济的发展和市场经济体制的初步形成，为公共产品社会化供给一定的经济基础和体制基础；二是法律和制度体系的建立及完善，为公共产品社会化供给法律保障；三是社会中介组织等民间组织的建立，为公共产品社会化供给组织基础；四是社会自我管理能力的增强，形成公共产品社会化的人力基础。[②]

第三节　乡镇政府供给农村公共产品应该引入竞争机制

一、引入竞争机制的各种可能途径

乡镇政府在供给农村公共产品的过程中，需要利用市场竞争机制和现代管理技术，以增强政府灵活性，提高政府绩效和效率。当代发达国家在政府改革过程引入竞争机制有很多种途径，如合同承包、特许经营、使用者付费、凭单制、分散决策、放松管制、产权交易、内部市场等等。[③] 在借鉴外国经验的基础上，结合我国农村的现实情况，我国的乡镇政府在实现服务职能过程中大致有以下几

① 王玉明：《第三部门及公共社会管理功能》，载《中共福建省委党校学报》，2001年第7期。

② 刘星：《服务型政府：政府治理模式研究的新视角》，北京大学2004年博士研究生学位论文。

③ 陈振明等著：《竞争型政府——市场机制与工商管理技术在公共部门管理中的应用》，中国人民大学出版社2006年版，第11—19页。

种引入竞争机制的可能途径：

1. 合同承包

所谓合同承包，就是政府通过合同谈判的方式使某些公共产品具体的生产职能转移到私人企业、个人或社会民间组织，鼓励它们参与公共项目的建设和特定公共产品的供给，私人企业、个人或社会民间组织是公共产品的生产者，而政府是供应者。这种供给途径意味着政府作为公共产品的供应者，可以作出用公共财政资金收入来供给某种公共产品的决定，但这并不意味着政府要依靠自身雇员和公共设施来提供这项服务。这种合同承包方法，实际上是将民事行为中的合同引入公共产品的供给领域中，它的应用以合同双方当事人协商一致为前提，变过去单方面的强制行为为一种双方合意的行为。政府与其他组织一样都以平等主体的身份进入市场。政府的职责是作出决策，确定需要供给的公共产品是什么，然后依照双方所签订的合同监督行为绩效，而不是靠以往的行政命令式的强迫。

这种方式常常采取竞争性招标(投标)的方式进行。一般来说，招投标的方式包括四个步骤：一是要政府选择承包对象即确定哪些公共产品可以对外承包；二是私人企业提出应标书，以多大的成本、什么样的质量来提供何种服务；三是如果服务涉及定价问题，私人企业也必须向政府做出明确的定价意向；四是在上述步骤的基础上，由政府决定该项服务由哪家私人企业承包。招标应该是充分开放性的，除了私人企业之外，个人、社会民间组织也可以参加投标。

2. 特许经营

公共管理中的特许经营是由政府授予私人企业某项垄断性特权，通过特许协议明确双方的权利与义务，承担相应的风险，从而达到公共管理目的的一种工具。在特许经营方式下，政府是供应者，私人企业是生产者。1994年的《世界发展报告》把“特许”解释为：“特许是一种私人团体为提供服务而从公共部门长期租赁资产的安排。私人团体在此期间有责任为特定的新固定投资提供资金，这些新的资产在合同期满时将返还给公共部门。”[①]依据法律，经营者必须按照

① 世界银行著：《1994年世界发展报告：为发展提供基础设施》，毛晓威等译，中国财政经济出版社1994年版。

法定程序申请，经核准后由政府主管部门下发执照、授权经营。经营者获得授权后严格遵守特许协议开展业务、提供服务，不得有任何违法及损害消费者利益的行为。

在特许安排下消费者向生产者支付费用，即在实践中，特许经营经常与使用者付费相结合。使用者付费要求对一些公共服务采取收费的方式，目的是把价格机制引入公共产品的供给过程。从理论上讲，使用者付费具有如下优点：一是能够克服因政府免费供给公共产品而造成的对社会资源的不合理配置和浪费；二是能够减少因政府无偿供给公共产品而引起的无目的补贴和资助，进而有利于促进社会公平；三是可以使价格机制充分发挥信号灯的作用，即市场机制在公共产品的供给领域得以有效应用；四是可以在很大程度上缓解政府的财政压力，增大政府的财政支持能力。

3. 凭单

凭单是一种借用私人市场凭单的理念和技术来改造公共产品供给的政府改革工具。凭单也称为有价证券、代金券、消费券，是“政府部门给予有资格消费某种物品或服务的个体发放的优惠券”。有资格接受凭单的个体在特定的公共产品生产组织中“消费”他们手中的凭单，然后政府用现金兑换各公共产品生产组织接受的凭单。① 它的基本特征是：凭单是围绕特定物品而对特定消费者群体实施的补贴；凭单不同于补助，是直接补贴消费者而非生产者；凭单通常采取代金券而非现金的方式。

目前，我国经济正处于转轨时期，社会贫富差距较大，特别是城乡差距更大。虽然，党和国家在新的历史时期高度重视“三农”问题，提出一系列惠农的政策。但是，在广大的农村地区，处于生活困难状态的群众还有不少。因此，向生活困难群众发放食品券、教育券、医疗券等形式的凭单是解决农村贫困群众生活困难问题，缩小城乡贫富差距的必要手段。同时，它也体现了我国的执政党“权为民所用，情为民所系，利为民所谋”的执政实质。凭单制在一定程度上可以促进结果的公平，减轻农村社会弱势群体对立情绪，促进社会的和谐发展。

① 宋世明著：《美国行政改革研究》，国家行政学院出版社 1999 年版，第 148 页。

4. 志愿服务

随着社会的发展，志愿服务的概念已不再局限于个人的志愿服务，它还包括社会民间组织的志愿性服务或非营利性的收费服务和社区提供的公共产品。公共产品的社会化供给模式主要就是通过志愿劳动来实现的。在志愿服务中，志愿团体扮演了供应者的角色，可以运用它们的雇员直接生产公共产品，也可以通过雇佣和付费给私人企业去完成。[①] 在国家政府的大力引导和支持下，再加上农村社会自身力量的成长和农民素质的整体提高，农村社会民间组织得到了很快发展，既有农村专业经济协会，也有农村社会文化组织，还有各种慈善性组织。随着农村社会民间组织的逐步发展，志愿服务在农村经济社会发展中发挥出了越来越突出的作用，这种公共产品的供给模式正越来越得到人们的欢迎和重视。

另外，在我国农村社会，自我服务和互助服务也是一种非常重要的供给公共服务的方式。家庭是人们在住房、健康、教育、福利和人力资源方面最古老也最有效率的服务部门，它为成员提供了广泛而重要的服务，如对孩子的教育、对老人的赡养、对犯病亲属的照料等等。同时，互助服务也是农村常见的服务方式，如在农忙季节，农民互相帮忙干农活；在某个家庭碰到什么事情需要帮忙时，邻近村组的人一般都会主动伸出援助之手；等等。这些都是中国传统忠、孝、仁、义等伦理道德的体现，是中国传统农村社会力量的表现，值得进一步改造和升华利用。

二、竞争机制的适用性及需要注意的问题

农村社会民间组织完善与否，会直接影响到农村公共产品的社会化供给模式的效果。同时，农村社会民间组织是否充分发挥作用，也是我国农民民主权利能否得到切实保障的基础。我们把对我国农村社会组织的培育和完善的相关探讨放在了讨论完善农民民主权利和拓展村的民主性调适力量的章节中。因此，在这里我们将主要讨论利用市场机制来供给农村公共产品的相关问题。

---

① [美]E. S. 萨瓦斯著：《民营化与公私部门的伙伴关系》，周志忍等译，中国人民大学出版社 2002 年版，第 298 页。

在公共产品的提供过程中引入竞争机制,必须具备一定的前提条件[①]:一是制度上的可行性,各种竞争手段在公共产品的提供过程中能否存在以及发挥作用的范围大小,首先面临制度安排的问题。即只有在制度安排许可私人部门参与供给某些公共产品的前提下,讨论公共产品在提供过程中引入竞争机制的问题才有意义,公共产品的市场化才能成立。这里的制度安排包括经济制度和政治制度两方面。二是经济上的可实现性,即能够通过市场化方式供给公共产品的私人部门可以实现经济利益、可以满足实现私人部门利润最大化目标。哈罗德·德姆塞茨在其《公共产品的私人生产》一文中曾经分析过私人生产者供给公共产品的前提条件,指出,“首先,如果有排除非购买者的能力,私人生产者可以有效率地生产公共产品;其二,如果商品是公共产品,那么对同一产品收取不同的价格支付是与竞争均衡相一致的”[②]。这说明,公共服务私人供给的前提必须是对物品进行排他消费的成本不是十分高昂,私人部门有利润可追求,同时还存在许多供给者进行市场竞争。这两个条件都直接关系到公共产品是否能够给供给者带来经济效益,即公共产品要实现私人供给需要具有经济上的可实现性。三是技术上的可行性,因为技术在决定一种服务的公共性或私有性方面起着重大作用,技术水平往往决定服务的公共性程度。肯尼斯·戈尔(Kenneth D. Goldin)强调,技术在决定一种物品或服务的公共性或私有性方面起着重大作用,技术水平往往决定物品消费的公共性程度。他认为,有两类技术影响着公共产品是由市场机制解决还是由政府机制解决:一类是排他性技术,即阻止“搭便车”行为的技术;另一类是公共产品本身的生产技术水平。他还认为,现实中有一些合适的有效的排他性技术未被利用,这可能是由于公共部门垄断供给公共产品或服务造成的,也就是公共部门的垄断化可能抑止了社会开发排他技术的积极性。[③] 因此,如果人们拥有对某一公共产品消费上的排他性技术,那就意味着对该公共产品可以实行有偿使用。于是,该公共产品就可以在市场中

① 唐娟著:《政府治理模式研究——以公共物品供给模式多元化为研究视角》,北京大学2002年博士学位论文,国家图书馆。

② Harald Demsetz: the Private Production of Public Goods, in Journal of Lawand Economics, 13 (Oct. 1970), p293.

③ K. D. Goldin: Equal access VS. Selective access: A Critique of Public Goods Theory, in Public Choice, 29(Spring, 1977), p53—71.

进行交易，供给者就可以获得收益。

在公共产品和服务的提供上引入竞争机制，采用市场的方法或准市场的方法，有助于提高政府的工作效率，改善政府工作绩效。但是，由于引入竞争机制的各种可能途径本身存在明显的局限性，再加上许多害怕变革的传统力量的反对，引来了众多的批评。萨瓦斯将其概括为："意识形态、民族主义、对外国公司拥有权的恐惧、对少数人占有的担忧、担心失控、资本的缺乏等理由，以及担心会出现财富过分集中、损害社会正义、腐败、私人垄断、撇脂等现象。"①这些批评在一定程度上反映了我们在公共服务领域中引入竞争机制时需要注意的问题。

首先，我们要充分认识到在公共领域内引入竞争机制的重要性和必要性，努力扩大竞争机制的应用范围。对于传统的垄断部门而言，要不断加快其改革步伐，剥离企业承担的政府职能和社会职能，向市场经济条件下的经营机制转变；对于政府治理而言，则要逐步放开市场准入的限制，尽量引入多个竞争主体，特别要引入民间私人资本进行经营，形成相互竞争、共同发展的局面。例如，合同外包的应用范围可以进一步扩大，不仅可以在公共产品提供领域中应用，也可以在政府政策制定和信息收集等专业化领域中应用。

其次，我们必须要弄清每一种可能竞争途径的应用机制、条件和范围。每一种竞争途径都有其应用机制、条件和范围，我们必须加以认真的分析，处理好技术上的问题。例如，一般认为，对于使用者和公众可以自由选择服务项目的服务领域，采用使用者付费的方式比较合理。按照罗斯的估计，大约75%的公共服务可以采用使用者付费的办法。但对有些特定的公共服务（比如教育、卫生和社会服务），使用者付费方式的应用范围就显得极为有限。又比如，在将招投标方式引入公共服务领域的时候，为了确保对公共产品及公共服务实行公开公平公正竞标，我们应该努力创造良好的应用环境和制度支持，以规范、透明、竞争、公平原则为指导，防止"暗箱操作"和幕后交易，把行政行为放在公众的监督之下。这样才能不使招投标失去原有的设计意义而产生偏差。

最后，我们在强调改革的同时，需要保持有效的监督制约保障机制。把政

① ［美］E. S. 萨瓦斯著：《民营化与公私部门的伙伴关系》，周志忍等译，中国人民大学出版社，2002年版，第332页。

府公共服务职能通过民营化、承包、出租等形式交给非公有部门来履行,是我国公共部门改革的方式之一。但在打破原有的政府官僚体制结构之后,各竞争主体的监督制约保障机制缺位,容易导致各竞争主体行为失范。缺乏有效监督制约机制的组织,难以保证其自身的健康和行为的高效。因此,在引入竞争机制的同时应加快行政体制改革的步伐,规范各种监督制约保障机制。在打破原有政府官僚行政体制之后,必须建立行政主体的监督制约保障机制,避免产生监督制约的真空。[①] 农村公共产品供给的多中心体制允许多个决策中心的存在,只是基于改进农村公共产品的供给质量、提高农村公共产品的供给效率这个目标,并不意味着否认政府在农村公共产品供给中的核心地位。在农村公共产品供给的多中心体制中,政府仍居于主导地位,发挥着不可替代的作用。

三、乡镇政府引入竞争机制的实际案例

在供给农村公共产品的方式上,不是政府完全垄断农村公共产品,而是尽可能动员和利用社会的力量,参与供应生产农村公共产品;不是政府直接提供所有的农村公共产品,而是通过市场和社会"购买"部分农村公共产品。乡镇政府引入竞争机制主要体现在履行公益性服务的方式上,概括起来主要有三种:一是委托服务。公益性职能由乡镇政府出钱,采取政府采购的形式,委托给转制后的经营实体,以项目多少定支出,以考核结果定报酬,以办事质量定奖惩。二是定岗招聘服务。乡镇设置一定的公益性服务岗位,定岗不定人,由乡镇政府或县级业务主管部门面向社会公开招聘具有从事公益性服务资质的人员,从事公益性服务。三是派驻服务。由县(市)职能部门按照需要向社会招聘人员,派驻到乡镇专门从事公益性服务,"管理在县、服务在基层"。从改革实践来看,通过市场化、社会化的方式提供公共服务,政府并没有减少对公共事业必需的财政投入,也没有逃避应尽的职责,反而大大节约了管理成本,提高了公共服务的质量和效率。

从实践来看,湖北省咸宁市咸安区将社会公益性事务向社会进行公开招

① 陈振明等著:《竞争型政府——市场机制与工商管理技术在公共部门管理中的应用》,中国人民大学出版社2006年版,第34—39页。

标，优先委托给原站所组建的新的经营性服务实体实施，并由政府通过合同契约形式明确责权利，按实施情况给予相应经济报酬。咸安区按照“行政职能整体转移，公益服务职能政府承担，经营职能走向市场”的总体思路，按“以钱养事”的原则，将乡镇站所原有的行政职能收归乡镇相关办公室，如司法所的行政管理职能收归乡镇社会事务办公室管理；农技站和水利站的社会公益事务、经管站的农民负担监督管理等职能、畜牧兽医站的动物检疫和畜禽防疫等社会公益事务职能收归乡镇经济发展办公室管理；城建站、房产所、文化站、广播站的行政管理职能和社会公益事务收归乡镇社会事务办公室管理。① 对公益性服务由乡镇政府本着绝对减人、相对减支、减人不减政府责任、减支不减政府公益性支出的原则，按照“政府承担、公开招标、合同管理、奖惩兑现”的思路，通过政府购买服务、购买劳务，面向社会公开招标，优先委托给原站所人员或其组建的新的经济实体实施，对农业按亩定服务费，其他的按人口、地域面积定支出，以考核结果定报酬，以办事质量定奖惩。对市场化的经营服务项目实行市场化运作，经营完全放开。

例如，咸安区对农业服务四项内容以合同形式发包给有资质的农业技术人员，以乡镇为单位按耕地面积发标承包，全区 38 万亩耕地面积，按每个农技人员人均负担 1.0 万～1.2 万亩，确定农技服务人员 36 人，预算支出 40 万元，纳入区级财政预算，专户管理，专款专用。对文化广播服务事业，将农村文化广播电视事业的行政职能、农村公益性文化广播电视服务及国有资产一并委托、转让、租赁给文化服务中心。多镇政府按上年财政收入的 5%将文化广播电视事业的“养事”经费列入财政预算，主要用于支付委托事项的费用。对计划生育的医技服务的 6 个项目，作价对社会公开招标，由乡镇政府和中标的社会中介服务机构按照计划生育管理的有关规定和要求签订承包合同，明确工作标准，实行合同管理。对畜牧兽医服务建立防检统一机制，由区畜牧业局和乡镇政府共同从有资质的乡镇畜牧兽医中聘用防检员承担，防检员按照每 1 200 个农户聘请 1 名。全区聘请了 58 名防检员，每个乡镇从中选聘 2 名防检监督员，除完成

① 项继权：《从“养人”到“养事”——湖北乡镇“站所改制”风暴》，载《决策咨询》2004 年第 6 期，第 34 页。

自身的防检任务外,还负责所在乡镇的防检工作的计划安排、组织协调、监督管理。防检员和防检监督员一年一聘,实行动态管理,其劳务收入与工作任务挂钩。所需经费列入农村养事项目,由财政预算核拨。[①]

又如,咸安区横沟桥镇将牲畜防疫工作推向市场,政府按照每年每个农户2元的防疫费发包给该镇新成立的畜牧兽医服务中心,全面推行一畜一标一记一档的三位一体防疫管理制度,镇政府按目标和防疫证上农户的签字与中心履行合同报酬,如合同全部履行,全镇只需2.8万元的防疫费,而原来该镇每年2.8万元的防疫费由站所收取自用外,政府每年还要拨付3万元的固定财政经费。另外,该镇政府将全镇3万亩水田的治保工作以每亩0.6元的价格承包给有一定技术资质的4名农技人员,并由他们分别与17个村签订植保技术服务承包合同。年终,镇政府则按抽样调查结果与4名农技人员兑现植保承包款,确保农技事业不萎缩。同时,把城区街道保洁、园林绿化管理等岗位"卖"给分流职工;还有一部分分流职工通过公开竞价,承包了闭路电视、幼儿园、生猪交易市场、竹木交易市场等经营性项目。城镇交通管理、农村财务、城镇规划、牲畜检疫等职能则委托新组建的社会中介组织承担。

这样,通过引入竞争机制,横沟桥镇的各项社会事业不但没有萎缩,反而改善了服务质量,提高了工作效率,推动了经济和社会化服务业的发展。例如,畜牧兽医服务中心成立后,加大了牲畜防疫、检疫和防治工作力度,明晰了防疫、检疫、治病的工作责任制,实现了"以养促检,以检促防,以防养医"的良性运行。以2004年春秋两防为例,全镇完成了家畜防疫量1.5万头,防疫密度达98%;佩戴免疫耳标1.5万头,佩戴率100%;耕牛口蹄疫免疫注射1 142头,防疫密度达94%。2005年预防禽流感,兽医人员更是夜以继日地走村串户,对全镇家畜进行禽流感免疫注射,防疫密度达98%以上,得到了农民群众的普遍赞扬。文化广播中心2004年发展有线电视80户,现也正在开展有线电视光纤接入工程,积极发展更多的有线电视用户。同时,还积极开展群众文化活动,自编自演

① 褚晓雯:《对乡镇改革中重塑乡镇公共服务职能的思考——以湖北省咸宁市咸安区的乡镇改革为例》,载《甘肃农业》2005年第10期,第26页。

"双推车"、采莲船等传统民间节目。[1] 这样，不但增加了业务收入，还推进了农村基层文化事业的发展。同时，该镇通过社会化服务项目公开招标、"买断"社会公益性岗位、经营性项目竞价承包、成立社会中介组织、支持和鼓励分流人员创办经济实体、充实村级基层组织等办法，也较好解决了站所分流人员的重新就业问题。显然，通过市场化、社会化的方式供给农村公共产品，政府并没有减少对公共事业必需的财政投入，也没有逃避应尽的职责，反而大大节约了政府管理成本，提高了农村公共产品的供给质量。[2]

---

① 吴理财：《咸安政改：体制内的增量改革——咸安横沟桥镇综合配套改革调查》，载《社会主义研究》2006年第1期，第69—70页。

② 项继权：《湖北乡镇改革的新思维》，载《学习月刊》2004年第7期，第41页。

第七章　县乡村联动:
实现乡镇政府职能相关保障的思考

治理理论告诉人们,多镇政府职能的转变绝不仅仅是乡镇政府自身的事情,它还取决于政府间的横向和纵向关系,也取决于政府和各种社会民间组织、私人、企业的关系。只有把乡镇政府放到与其周边相关的复杂关系网络中,乡镇政府职能转变才能最终得到落实。

第一节　尽量减小县对乡镇的支配性行政力量

为了充分发挥乡镇政府在农村经济社会发展中的作用,改变乡镇政府任务重、权力小的问题,县级政府为减小对乡镇的支配性行政力量,必须主动下放权力,主要表现在以下几个方面:

一、区分“七站八所”类型,进行分类改革

县级政府通过自己派驻在乡镇的职能部门,即“七站八所”,来贯彻自己的意图,达到自己的目标,在很大程度上,破坏了乡镇政府管理权的完整性。因此,必须对“七站八所”进行改革。针对乡镇“七站八所”等事业单位数量众多、结构老化、功能弱化的突出现象,按照“公益服务社会化、经营服务市场化”的思路,对乡镇事业单位进行分类改革。除农村中小学校、卫生院外,其他如计生站、农技(农机、水利、畜牧兽医)站、广播站、文化站等事业单位,整体转企或转为中介服务组织,根据不同性质分别到民政部门或工商部门办理登记注册,成为独立的法人实体。事业单位转制成为企业后,原承担的行政职能并入乡镇各办所。政府要办的公益事业和社会公共服务,如农技推广、畜禽防疫、农业机械服务、农业水利、文体事业、计生服务、城镇建设以及机关后勤等事项,按照“政府承担、定向委托、合同管理、考核兑现”的原则,由政府出资购买公共服务,变

“以钱养人”为“以钱养事”，在这方面，咸安经验也值得借鉴。以咸宁市咸安区横沟桥镇为例，改革前，该乡镇有直属站所12个：农技站、农机站、水利站、畜牧兽医站、文化站、广播站、城建站、房产所、计划生育服务站、农经站、客运站、司法所。除了司法所以外，其余站所一律进行撤并改革。在原农技站、农机站、农经站和水利站的基础上重新组建农业服务中心；文化站和广播站合并组建文化广播服务中心；城建站与房产所两个自收自支单位撤并成立城乡建设中心；将畜牧兽医站改为畜牧兽医服务中心；客运站转为经济实体，彻底企业化运作；计划生育服务站公开对外招标承包，实行目标量化考核合同管理。这些原有站所的行政职能都移交给了乡镇政府内设的不同办公室。

对于这些转制站所原有职工，一律竞争择优上岗。在此基础上，横沟桥镇还对乡镇直属站所原有人员进行了全员分流的改革，除了内退的一部分人外，其余99名原站所干部职工一律“置换”身份，即从乡镇“干部”（身份）队伍中分离出来。与此同时，横沟桥镇又分别通过社会化服务项目公开招标、“买断”社会公益性岗位、经营性项目竞价承包、成立社会中介组织、支持和鼓励分流人员创办经济实体、充实村级基层组织等办法，安置了45名站所分流人员重新就业，并实现了从“养人”向“养事”的根本性转变。① 通过此次改革，原来由镇财政负担的直属站所人头经费，基本上转到了相应的社会事业的投入上来，既保障了社会事业的稳步发展，又切实减轻了镇财政长期难以根治的人员供养持续增长的压力。

另外，对于的确需要保留的管理部门和机构，如工商、土地、技术监督、司法等具有经济监督检查和行政执法职能的“条”管机构，应该在改革中予以规范、充实和加强。应该打破“块块”，按照精简、统一、效能的原则，重新设置专业机构，实行专业性管理。现在的“条”管机构，在一定程度上还存在“小而全”、不经济及同构性的弊端。在以后的改革中，应继续坚持按“需”（功能需要）设立的原则，打破行政区划的界限。如金融机构可以根据其业务量、公安派出机构可以根据社会治安状况及调控能力、税务部门可以根据税源状况和征收成本等决定

① 吴理财：《咸安政改：体制内的增量改革——咸安横沟桥镇综合配套改革调查》，载《社会主义研究》2006年第1期，第67—70页。

设立什么样的专门机构。人口少、范围小、业务量少的乡镇可跨区域设立此类机构;业务量大的乡镇可增加机构。

从国家权力和政治的统一性及行政管理的角度来看,乡镇政府对于存在于本行政区域内的职能部门在信息上、业务上和生活上具有支持、配合和协调的义务。但是,当"条"管机构根据需要而不是按照行政区划设立之后,这些派出机构部门就不再与乡镇政府并立而具有组织上、业务上和人员及活动边界上的同构性,乡镇政府与这些机构在组织、人事、财务及业务各方面是相对独立的,不存在上下从属关系,这些机构完全与乡镇政府及行政区划脱钩。这样,有利于将农村治理体制从传统的"条块结合"改造成"专业化管理"的体制,实现垂直领导、行业集中管理和部门经济监督。与此同时,在乡村社会治安、工商税务、文教卫生等基本职责由专门性的组织和部门承担之后,乡镇政府的功能和职责大为减少,有助于促进乡镇政府职能的转变。

二、完善对乡镇财政的转移支付制度

财权是县级政府对乡镇政府进行行政性支配的又一种途径。在现行的财政体制下,乡镇政府财权严重缺乏,不说财力有限的乡镇,就是财力相对充足的乡镇,也不能够拥有与事权相一致的财权。因此,必须完善对乡镇财政的转移支付制度,以使乡镇政府真正承担起提供农村居民基本生活保障、基础设施建设和基本公共服务的责任。具体设想如下:

一是要加大中央对乡镇财政的转移支付力度。随着农村税费改革的不断深入,按照国务院进一步减轻农民负担、增加农民收入,取消农业税及其附加的要求,对减收后造成的乡镇收入缺口部分,中央要给予足额补助。与此同时,要采取多种措施、通过多种渠道尽快解决各地乡镇财政赤字和债务问题,大力推进农村基础设施的建设。这些都需要中央和省级政府加大对乡镇财政转移支付的力度来实现。

二是在转移支付方向上,要更多考虑农村经济和社会发展的需要。要把投入的重点转向农村公共事业建设和基础设施,特别是加大对农村义务教育、医疗卫生、社会保障、广播电视文化事业等公共事业的专项资金支持力度,把农村社会的公共产品投入从主要由农民负担转变为由公共财政承担,保证经济较为落后的乡镇的农村居民也能够享受到基础教育、基本医疗卫生服务等基本公共服务。

三是改革转移支付办法,引入因素法,提高科学性。“因素法”意味着将乡镇财政收支分成不同类别,找出与各类收支相关的影响因素,运用回归分析计算各个因素的影响程度,然后建立标准财政收支模型。根据标准财政收支的对比关系,确定上级财政对乡镇财政补助的比例。现有转移支付制度导致“富者愈富,穷者愈穷”局面的一个重要原因就在于采用了不合理的基数法。因此,改进转移支付办法应当尽量摒弃“基数法”的不合理因素,引入“因素法”。

四是加大一般性转移支付的规模和力度,压缩和规范专项补助规模。目前对乡镇的一般性转移支付规模过小,专项补助比例大、范围广,是造成乡镇财政困难、制约履行职能有效性的一个重要因素。由于一般性转移支付没有规定乡镇政府的资金具体使用方向,乡镇政府对这项资金拥有较大的支配权,主要目的是用来平衡地方预算,满足地区基本开支需要,因此,一般性转移支付更能体现公平。同时,一般性转移支付具有比较科学的计算方法,可以将人为因素降到最低,避免了专项补助的随意性。因此,应该压缩专项补助的规模,大幅增加一般性转移支付,以一般性转移支付为主、专项补助为辅。

五是逐步将转移支付法治化、程序化,切实加强转移支付资金使用的监督检查。由于转移支付在省级政府以下存在不规范的现象,将转移支付制度法治化成为必然。应将转移支付的原则、形式、目标等以法律形式确定下来,同时编制转移支付预算,建立完善的预算司法程序;设立专门机构负责转移支付工作,制定客观的测算方法,审查、研究转移支付的规模,监督转移支付资金的使用。

三、不断深化乡镇干部考核制度改革

县级政府实现对乡镇的行政性支配的另一条途径就是控制着乡镇的人事权。为了真正实现乡镇干部为乡镇服务、为农民群众负责,必须通过不断深化乡镇人事制度改革,逐步建立起公开招聘、竞争上岗、科学考评、能上能下的乡镇人事管理制度。除了前面提到的改革乡镇领导选拔任用方式外,我们在这里将主要讨论乡镇干部考核制度的改革。

当前县级政府对乡镇政府和干部的绩效考核缺乏科学合理的绩效评价体

系,对乡镇政府的考核主要依据各项指标的完成情况,甚至采取一票否决制。这实际上是我国实行赶超型现代化战略背景下,县乡之间表现出了一种压力型体制的关系。所谓压力型体制,“指的是一级政治组织(县、乡)为了实现经济赶超,完成上级下达的各项指标而采取的数量化任务分解的管理方式和物质化的评价体系。为了完成经济赶超任务和各项指标,各级政治组织(以党委和政府为核心)把这些任务和指标,层层量化分解,下派给各级组织和个人,责令其在规定的时间内完成,然后根据完成的情况进行政治和经济方面的奖惩”[①]。在这种压力型体制下,乡镇政府的行为听命于上级政府的指挥命令,忙于围绕县直各部门指派的任务而工作,不能很好地履行为当地老百姓尽心尽力服务的职责,他们的所作所为实际上只是对上级政府负责。

为了使乡镇政府和乡镇干部真正对乡镇区域内的群众负责,切实做到服务农村、服务农民、服务农业,应该建立科学的乡镇干部政绩评价方法和考核体系,突出农民的参与监督,体现农民对乡镇政府的问责,把乡镇政府对上级负责的观念转变到为老百姓负责上来。具体来说,乡镇干部考核评价指标的设置要体现全面性、客观性和科学性,与乡镇干部的法定职责相配套,与当地的发展实际相适应,与当地群众对干部的根本要求相协调,引导乡镇干部增强群众意识,树立科学发展观和正确政绩观。在对乡镇干部绩效考核方式上,坚持将领导考核与群众评议相结合,自我评议与群众评议有机结合,并以群众满意度作为乡镇干部考核的重要参考指标。在绩效考核评价结果运用上,将干部考核结果在适当范围内向群众公示,对于考核不合格的人员,要通过正常程序和渠道进行辞退,实现乡镇政府能者上、庸者下的新陈代谢制度。

第二节　尽力加强乡镇政府自身的整体改进

为了实现乡镇政府的善治目标,顺利实现乡镇政府职能转变,乡镇政府自身还需要进行机构、人员、财政等相关因素的整体改进。

---

① 荣敬本等著:《从压力型体制向民主合作体制的转变——县乡两级政治体制改革》,中央编译出版社 1998 年版,第 28 页。

一、综合设置乡镇内设机构

机构是职能的载体。目前，乡镇的内设机构基本上采取的是设置办公室的模式。乡镇的综合办公室与县以上党委政府的职能部门相比，有其自身的特点：一是从机构性质上看，乡镇的内设机构不具有独立承担法律责任的能力，也没有相对独立的人、财、物管理权限；而县以上政府机构既具有独立承担法律责任的能力，也具备相对独立的人、财、物管理的权限。因此，乡镇内设机构并非严格意义上的职能部门。二是从机构规模来看，由于受行政编制规模的限制，乡镇设置的内设机构数量有限。三是从机构设置形式来看，由于行政工作具有季节性、综合性的特点，乡镇不宜采取独立设置内设机构的形式。乡镇的内设机构不应仿效上级党政机关那样面面俱到地设置众多分工细化的专业机构。从以上特点可以看出，乡镇的综合办公室只是乡镇党委、政府对职能进行内部分工的载体，而不是一级中间层次。乡镇综合办公室理应按照综合化、扁平化的原则进行设置。

因此，我们根据实现乡镇政府职能的需要，应该设置一些宽口径的乡镇内设机构。在管理内部综合性事务方面，可设置综合机构党政办（主要承担乡镇党委、人大、政府以及共青团和妇联的各项日常工作，负责各项中心工作的组织和综合协调）；在促进经济发展方面，可设置综合发展办或经济发展办，主要承担工业、农业、林业、水利和第三产业发展规划工作，协调与经济发展相关的工作；在健全社会管理方面，可设置社会事务办，主要承担人口与计划生育、村镇规划建设、民政优抚、民族宗教、社会综合治理、信访和维护社会稳定、劳动和社会保障、科教文卫等工作，协调与社会事务相关的工作；城市化达到一定水平的乡镇可设置村（镇）规划建设办，主要承担村镇建设、环境保护等工作。①

如湖北省咸宁市咸安区横沟桥镇内设机构如下：党政综合办公室（加挂便民服务中心牌子）：承担党委、人大、政府的各项日常工作以及各部门的协调、便民服务等工作。经济发展办公室：承担一、二、三产业的发展规划编制，指导农

① 季根章主编：《乡镇机构改革探索——背景、趋势与对策》，江苏人民出版社 2006 年版，第 200—201 页。

村经济发展，抓好安全生产、市场管理、经济信息统计等工作。社会事业办公室（加挂计划生育办牌子）：承担教育、文化、卫生、劳动保障、计划生育、民政优抚等工作。村镇建设办公室：承担村镇建设规划、国土资源管理、环境保护等工作。综合治理执法办公室：承担社会治安综合治理、民间纠纷调处、信访和授权的各类行政执法等工作。财政审计所（加挂农经站牌子）：编制执行政府预算、管理财政收支、村级财务监督、集体资产监管、组织实施审计等工作。同时还从严控制人员编制，多种途径减少财政供养人口，采取党政领导交叉任职的办法减少领导职数。

二、提高乡镇干部综合素质

乡镇政府的工作需要人去完成，因此乡镇干部素质的高低在很大程度上制约着乡镇政府职能转变的效果。为了确保乡镇政府职能转变成功，乡镇干部应该转变工作方式、工作作风，提高工作能力。

首先，必须做好乡镇干部的培训工作。具体表现为：一是培训体系应该网络化。在教育机构方面，建立以县委党校、乡镇夜校为主场所的政治素质培训网，建立以农函大、农广校为基地的实用技术培训网；在宣传教育活动方面，建立以县委为领导核心、各有关部门协助、各社会团体参与的宣传教育网络。二是培训方式应该多样化。如专家讲座、考察学习、挂职锻炼、自学提高等形式，同时提倡乡镇干部直接进入市场学习锻炼以提升素质的培训方式。三是课程设置必须科学化。开设理论课程，提高乡镇干部的理论素养，使乡镇干部掌握科学的理论知识；开设法律课程，提高乡镇干部法律素质，使乡镇干部带头学法用法、依法行政、依法管理，逐步实现农村政治、经济、文化和基层事务管理法治化；开设德育课程，有针对性地解决乡镇干部存在的认识问题，保持廉洁性；开设地方课程，帮助乡镇干部为本地的发展寻找突破口，提高乡镇干部规划发展的能力；开设市场经济课程，使乡镇干部懂市场、懂经济，提高乡镇干部驾驭市场经济的能力；开设选修课程，使乡镇干部根据自身特点、兴趣爱好，掌握1～2门实用技术，提高乡镇干部服务群众的实干能力。

其次，改变乡镇干部的工作方式和方法。具体做法如下：一是变行政控制为主动服务。乡镇干部应主动深入基层一线，把群众工作做深做细，把群众所期盼、所关心的问题解决好，以主动、热情的服务，理顺群众情绪，把矛盾化解在萌芽状态，最大限度地减少上访现象，增加群众的支持和认同。二是变行政命令为示范引导。乡镇干部应该以示范引导的方式，组织发动群众。在发展公益事业、调整农业产业结构、推广致富项目等涉农利益方面，乡镇干部只有通过示范引导的方式，才能受到广大农民群众的欢迎。三是变人为行政为法治行政。乡镇干部需要运用政策、法律手段正确处理农村社会中发生的各种社会矛盾和问题，坚持公平与正义的原则，融洽农村社会中的人际关系，进而树立乡镇干部自身的良好形象。同时，应该通过组织群众集中学习、个别辅导等多种方式，主动把政策、法律教给群众，使群众自觉地用法律规范自己的行为，用合法的方式表达、维护和实现自己的利益。因此，乡镇干部必须要树立法治观念，努力提高依法行政的意识，依法决策，依法办事，实现人为行政向法治行政转变。

最后，提高乡镇干部的工作积极性。我们应该从改变乡镇干部的工作环境入手，提高乡镇干部的工作积极性。一是要提高乡镇干部的政治待遇。在乡镇领导干部的选拔任用和班子配备上，要注重向乡镇的一般干部倾斜，以提高乡镇干部工作积极性，使乡镇干部精神振奋、士气高涨。同时，必须给他们营造一个良好的社会舆论氛围，动员全社会来尊重和支持乡镇干部的工作，增强他们的职业神圣感和职业安全感。另外，建立县直机关与乡镇、条件好的乡镇与条件差的乡镇之间的干部定期交流制度，形成良性互动。这样既可以推进乡镇干部队伍年轻化、知识化，又锻炼了机关干部，密切了干群关系，满足了乡镇干部进县直机关的愿望。在目前难以改变县乡差别的情况下，实行县直机关与乡镇、乡镇与乡镇之间的干部定期交流不失为一种好办法。二是要改善乡镇干部的办公环境。乡镇干部长期在农村第一线，办公条件简陋，工作环境艰苦。要使乡镇干部舒心，就必须加强乡镇机关的基础设施建设，积极解决乡镇干部的办公条件简陋问题，不断优化乡镇干部的工作环境和工作条件，进而提高乡镇干部的工作效率，从而让乡镇干部更好地为乡镇范围人民群众服务。这样，长期在乡镇工作的干部感到政治上有盼头，事业上有奔头，经济上有想头，工作上既有压力，更有动力。三是要提高乡镇干部的生活待遇。乡镇干部在农村的生活条件一般比较艰苦，各级各部门要在生活上多关心乡镇干部。可以考虑由县级政府制定具体标准，由县财政对经济欠发达、工作条件艰苦的乡镇干部的工资收入实行区域补贴，确保其实际收入达到全县干部收入的平均水平。建立财政支持保障机制，把乡镇干部的住房政策、通信费用、下村补助、岗位津贴等福利待遇落到实处。特别是要加大对优秀乡镇干部家庭、单职工家庭、困难家庭的帮扶力度，增强组织的亲和力、向心力和凝聚力。这样，乡镇干部没了后顾之忧，才能安心在乡镇工作，工作起来也才更有积极性和主动性。

三、增加自身乡镇财政实力

从乡镇角度来看，增加自身财政实力，主要是做好以下几个方面的工作：

首先，改革乡镇政府的自身财政收入渠道。自1994年以来，我国乡镇财政主要依赖的是农业税和农业特产税、增值税、营业税等。随着全面取消农业税政策的推行，乡镇自身的财政收入大大减少，我们应该考虑从财税制度上设置符合乡镇要求的主体税种，如个人所得税、营业税、房产税等等，以增加乡镇财政收入。同时，要大力推进农村二、三产业的发展。要把农产品加工业、资源加工业作为乡镇第二产业的主攻方向和扶持重点，注重向农副产品深加工转移，把资源优势转化为产品优势。另外，以产业聚集为重点，推动农村城镇化。小城镇已成为农村经济发展新的增长点，在带动农村二、三产业发展中起到了很好的载体作用。要统筹规划，合理布局，突出重点，不断推动农村城镇化建设。

其次，严格控制乡镇财政支出结构和水平。增强乡镇财政实力，除了要增加收入来源外，还需要严格控制财政支出。因此，为了解决好乡镇财政预算约束软化、预算执行随意性大、财政管理水平的问题，我们必须加大乡镇财政管理力度，按照构建公共财政的框架和财力可能，调整支出结构，合理安排支出，确保财政平衡。一是要严格执行《中华人民共和国预算法》，强化预算执行的严肃性。预算经乡镇人民代表大会批准通过后，一般不得调整，如果确需追加预算，必须经乡镇人民代表大会批准；在法律、法规允许的范围内，上级有关部门不得干涉乡镇预算的执行。二是乡镇政府和财政部门要严格执行财政管理制度，建立健全预算、审批和拨付的约束机制，做到按预算拨款、按进度拨款、按程序拨款，把有限的资金用在刀刃上，不断提高财政资金的使用效益。三是乡镇政府和财政部门要对专项资金实行严格的监督管理制度。即财政专款决策、拨付对象、指标数额、执行结果要公开；使用专款要接受人大、财政、审计和群众监督。

最后，加强债务管理，努力化解乡村债务。乡村债务在很大程度上制约着乡镇财政的健康发展，乡村债务亟待化解。但是，由于乡村债务形成的原因是多种多样的，乡村债务的化解工作具有相当的复杂性和艰巨性。为了保证乡镇财政的健康发展，必须把加强债务管理作为乡镇财政工作的重点。主要应做好以下几项工作：一是要加强债务管理，严格控制乡村新增债务。坚持量入为出、量力而行的原则，有多少钱办多少事，严禁乡村两级采取借钱、贷款、挂账等办法，严防新债产生，确保乡村债务逐步减少。必须举债的，要经过乡镇人民代表大会或村民代表大会、村民大会讨论通过。① 二是分类别、多途径化解乡村债务。要做好债务清理工作，对于政府直接负债、政府兴办企业负债和连带责任负债等，要认真清理，分清性质，分清界限，分清责任，探索不同化解办法。三是要加大债权清理力度。要集中时间、组织力量，开展债权的清理核实工作，积极清收企业和单位拖欠的乡村款项，对长期占用集体财产谋取私利的，要依法收回。

四、积极稳妥地撤并乡镇

为了加快城镇化进程，同时配合和促进乡镇机构人员的精简和职能转变，从1998年开始，撤并乡镇的步伐大为加快。从现有文献看，倡导撤并乡镇早先出现在2000年《中共中央、国务院关于转发〈国家计划发展委员会关于当前农村经济发展中几个主要问题和对策措施的意见〉的通知》中，接着，在2000年12月《中共中央办公厅、国务院办公厅关于市县乡人员编制精简的意见》、2001年3月15日九届全国人大第四次会议批准的《中华人民共和国国民经济和社会发展第十个五年计划纲要》中，也分别予以提倡。2001年7月，经国务院同意，民政部、中央编办、国务院体改办、建设部、财政部、国土资源部、农业部等七部委，联合发出了《关于乡镇行政区划调整工作的指导意见》，在肯定各地撤并乡镇做法的同时，也提出了进一步完善的措施。

撤并乡镇的初始目标是要适应市场经济的发展要求，转变乡镇政府的职

① 解慧，鞠正江：《农业税减免后乡镇财政建设问题探讨》，载《山东财政学院学报》2005年第2期，第39—40页。

能,减少乡镇机构的人员和财政负担,压缩乡镇领导人数,减轻农民负担。实践中,撤并乡镇的一个重要考虑就是要实现规模效应,将不发达的乡镇并入相对发达的乡镇,进而达到实现对不发达乡镇的拉动效应。因此,为了使乡镇规模保持适中,在积极稳妥地推进撤并乡镇的过程中,我们应该综合考虑人口数量、地域面积、经济发展水平、财政收支、债务状况、地理位置、城镇建设、交通状况、村镇规划等多种因素。对规模过小、经济基础薄弱,难以形成区域经济、政治、文化中心的乡镇,进行撤并行政区划调整。

第三节　积极拓展村对乡镇的民主性调适力量

一、加强乡村治理的法治建设

为了积极拓展村对乡镇的民主性调适力量,首先必须要实现乡镇政府与农村社会力量的良好互动合作。政府与社会的互动性合作是建立在法治基础上的,是一种制度性的合作,合作并不意味着没有冲突,而将冲突放在制度的框架内加以解决。因此,我们必须加强乡村治理的法治建设,一是要加大农村工作和农业的立法力度。以《宪法》和《村民委员会组织法》为根本,促使各级人民代表大会根据各地实际需求,制定出保护农民合法权益、规范农村市场主体、协调市场秩序、调整规范公共权力配置与运作等方面的法律。以《村民委员会组织法》为例,由于其对于乡村关系的规定过于笼统,缺乏具体操作性,因此,必须修改和完善现行的相关法律法规。具体来说,应该列举出有哪些事情需要乡镇政府对村民委员会进行指导、支持和帮助;在哪种条件下乡镇政府必须要对哪些事项提供支持、指导和帮助;有哪些事项是乡镇政府无权干涉的;如果乡镇政府越权干涉村级事务或在需要提供指导、支持和帮助的时候反而不提供,村民委员会和村民应该怎么办;等等。这样,有助于明确划分乡镇和村的利益边界及管理权限,促使乡村关系法治化。

二是要加强法律宣传,树立法律在乡村治理结构中的权威地位,依法约束乡村社会公共权力的运作,实现对乡镇政府的有效法律监督。中共中央、国务院发布的《关于推进社会主义新农村建设的若干意见》中,明确提出要“加强农村法治建设，深入开展农村普法教育，增强农民的法治观念，提高农民依法行使权力和履行义务的自觉性”。为此，我们首先应针对农村交通、通信等条件相对较差，村民居住分散的特点，投入大量的人力和时间进行法律知识的宣传。同时，应该采用各种农民群众乐于接受和理解的法律宣传形式，切实提高广大农民的法律意识，使农民自觉守法、遇事找法，既要正确行使法律赋予的权利，同时也要严格履行法律规定的义务。另外，应该坚持做到法律宣传和教育的经常化、制度化，以循序渐进、持之以恒的持续教育为基本模式，使农民群众的法律意识得到长久稳定的提高，进而充分发挥农民群众对乡镇政府的有效监督作用。

三是要从法律上明确细化规定乡镇政府在农村的职能范围。目前，我国《地方组织法》虽然对我国乡镇政府的职能进行了明确规定，但是这些规定往往是比较笼统的，职能过于泛化。这样，导致乡镇政府管理的事情越来越多，政治、经济、文化、社会无所不包，收税收费、计划生育、纠纷调处、环境保护无所不干，最终成了一个全能政府、无限责任政府。因此，为了充分发挥农村社会的各种主体力量的作用，使政府乡镇政府确实将注意力转移到创造良好发展环境、提供必要农村公共产品上来，相关法律制定部门应该尽快修改和完善相关法律法规的规定。这样，乡镇政府职能可以进一步具体化、明晰化，真正实现乡镇政府行为有法可依，切实保障乡镇政府有所为有所不为。

二、培育人民群众的积极参与意识

乡镇政府实现善治目标最终取决于农民的自主和觉悟，社会主义新农村建设的关键也在于农民不断地增强自我发展能力。而且，从中国农村改革的历史经验看，以农民为改革主体，充分调动起农民的改革冲动与潜能，农村的发展才能积极有效地推进。因此，我们必须通过各项政策引导，让亿万农民拥有获得更多社会资源的能力，实现农民自我组织、自我管理和自我服务。一是大力发展农村市场经济，促使广大农民利益意识的觉醒和权利意识的形成。一个成天为生存犯愁的人是不可能去追求政治权利的。改革开放以来，我国农民之所以焕发出政治参与的极大热情，原因就在于改革开放使农民摆脱了贫穷走向了富裕。大力发展农村市场经济，让农民休养生息，积累财富，改善农村的公共设施和公共福利,进而增加公民维护自身利益的强烈意识。农民没有维护自身合法权益的意识,就不会积极参与政治行政过程。市场经济关注经济活动微观主体的利益,民主政治关注政治活动主体的权利,两者是一一对应的。西方政治学家曾就经济发展与政治参与程度做过相关性分析,提出:“社会、经济发展促进政治参与的扩大,造就参与基础的多样化,并导致自动参与代替动员参与。”[①]

二是加强培训教育,特别是面向农民的法律教育、政治教育,培养农民参与管理经济社会生活的民主意识和合作意识,提高农民的政治素质和政治参与能力,促进农村的民主化进程。虽然,我国在政治制度的设计和政策安排上,已经给予了农民崇高的政治地位和充分的民主权利,但这并不等于农民就可以充分享有这种权利。文化水平的落后,使农民在掌握政治信息、利用参政渠道解决问题时,遇到了许多难题,制约了农民的参政热情和参政能力。我们必须建立农民教育培训机制,不仅对农民进行农业科技知识的宣传,而且要经常性地对农民开展政策报告会、讲解会,宣传国家大政方针及与农民有切身利害关系的法律、法规、条例等内容,逐渐培养农民的政治参与意识。

三是强化农民政治参与的心理动机。心理动机直接关系到政治参与的程度和水平。德国心理学家勒温认为:个体行为是一定环境下对心理刺激的外在反应。[②] 同样,政治参与行为作为一种个体行为,当然也是个体所处外在环境和心理动机相互作用的结果。随着社会主义市场经济在我国的逐步完善,人们越来越多地关注到了自身的物质经济利益,农民也不例外。农民政治参与的直接心理动机很大程度上来源于对具体利益的要求,主要是对经济利益的要求。因此,我们要善于利用各种媒介途径,让农民感受到:积极的政治参与不仅能够解决现实中的各种焦点、难点、热点问题,而且可以带来长期的经济利益和政治利益。这样,有利于促进农民积极参与国家、乡镇各种公共事务的管理,农民的参与意识也会逐步增强。

① [美]塞缪尔·亨廷顿、琼·纳尔逊著:《难以抉择——发展中国家的政治参与》,汪晓寿等译,华夏出版社1989年版,第69页。

② 韦克难编著:《现代管理心理学》,四川人民出版社2004年版,第33页。

三、提高农村社会力量的实际参与能力

提高农村社会的实际参与能力,关键在于鼓励、引导和支持农村发展各种新型的社会民间组织。我们需要积极发展各种农村社会民间组织,使这些组织在政府和农民、农民与市场之间起到良好的桥梁纽带作用。这里主要是探讨除了村民委员会以外的其他农村社会民间组织的建立和完善。目前,需要重点解决好以下几个问题:一是明确农村社会民间组织的法律地位。不同类型的农村社会民间组织,其性质不同,功能不同,内部结构也不相同,因而需要不同的法律规范。建议有权制定法律、法规、规章的各级人民代表大会及各级政府应尽快出台相关的法律、法规、规章,对农村社会民间组织的宗旨与原则,业务活动范围,成员的权利和义务,财务管理与内部审计稽核,注册登记、变更、解散与清算程序等基本内容从法律角度加以明确规范。这样,从法律上明确农村社会民间组织的法律地位,有利于促进农村社会民间组织健康、有序的发展,在市场经济中发挥积极的作用。

二是在政策上加大扶持力度。农村社会民间组织目前尚处于发展初始阶段,法律地位不是很明确,经济实力不是很雄厚,抵御市场风险、生产风险的能力还很弱。对于政府而言,必须认识到农村社会民间组织是市场农业发展到一定阶段的产物,也是农民市场意识走向成熟的一个重要标志。因此,政府各有关部门要根据实际情况,在不干预农村社会民间组织正常运作的前提下,及时制定必要的优惠政策,在财政、税收、信贷等方面给予一定的支持和帮助,为农村社会民间组织的发展创造良好的外部发展环境和有利条件。

三是增强农村社会民间组织的发展活力。农村社会民间组织应该因地制宜向更高层次、更大规模方向发展。为了适应不同层次生产力发展水平的要求,根据农户意愿和经济发展的实际需要,坚持多种发展形式共同发展。同时,发展农村社会民间组织要与培植农业主导产业、调整农业结构、推进农业产业化经营紧密结合起来。通过引导农村社会民间组织发展多形式化,增强农村社会民间组织发展活力,逐步构建面向国内外大市场的农村社会民间组织网络体系,以适应农村市场经济发展和政治民主化的要求。

结　语

事实上，在农村现代化的进程中，乡镇政府一直扮演着主导角色，在今后的发展中，也不可能简单地将国家和政府行为视为消极物，在特定的发展阶段，仍必须充分发挥乡镇政府作为公共权力代表的核心作用。但同时我们也应该看到，在全国建设社会主义新农村、全面取消农业税以及以村民自治为代表的社会力量逐渐兴起的背景下，乡镇政府对乡村社会的主导作用，受到各种利益结构的影响和制约，乡镇政府的目标只能是实现善治。

治理理论视角下的乡镇政府职能研究，以乡镇政府职能为研究对象，以社会主义新农村建设和农村税费改革及村民自治为研究背景，利用系统科学、比较研究、历史研究、案例研究等研究方法，着重研究治理理论尤其是善治目标指导下乡镇政府职能如何转变，系统研究分析了治理理论指导下乡镇政府职能定位是什么、如何实现及相关保障因素建设等问题。本书在分析乡镇政府职能方面总结出了一些基本的结论，在某些方面具有一定的创新性，初步建立起了乡镇政府职能转变的基本方向和实践思路。

一、主要结论

本书的研究课题是一个理论探索和实证分析相结合的课题，基本的思路是先界定研究的范围、对象，然后进行相关研究综述，接着介绍了现阶段乡镇政府职能转变的现状基础和时代背景，进而重点分析了借以指导我国乡镇政府职能转变的当代先进科学理论——治理理论，随后深入系统分析了乡镇政府职能的定位、实现和保障等问题，紧扣研究主题，综合运用各种研究方法，形成一些重要的结论观点，构成比较完整的论证体系。本书主要开展的研究工作和形成的研究结论主要体现在以下几个方面：

(1) 我国的乡镇政府在特定的发展阶段在一定范围内仍有存在的必要。我国农业人口仍然占绝对优势，农民生活水平不高，农村的生产力水平低，市场经济不发达，政治民主建设滞后，社会各种矛盾和纠纷相互交织，而且这种状况还将长期继续存在。乡镇处在我国行政的最低层级，直接面向广大农民群众，担负着引领农村群众进行社会主义现代化建设的重要任务。乡镇政府在改变农村落后面貌、促进乡村经济发展、加强社会管理、维护社会稳定、提供农村公共服务等方面发挥着不可或缺的作用，在农民群众心目中享有较高威信，是农民群众心中国家和政府的代表，是他们利益的维护者，乡镇政府给他们以天然的归属感、安全感和依赖感。乡镇政府在一个时期内还有存在的必要，即农村社会需要国家权力的适当干预。

(2) 乡镇政府在准确定位其职能的过程中，必须注重政治角色和服务角色的平衡，二者不可偏废。根据政府所具有的二重属性，政府职能可以分为两部分：政治统治职能和社会管理职能。治理理论对于民主价值和效能价值的同时关注，强化了乡镇政府职能定位需要同时重视政治职能和服务职能，保持二者的平衡。对于我国乡镇政府来说，在准确定位其职能时必须考虑到政治角色和服务角色的平衡。具体来说，一方面乡镇政府要尽可能满足乡镇区域内民众的公共需求，为乡镇范围的人民群众提供服务——最优的农村公共产品；另一方面，乡镇政府需要实现与乡镇范围内的人民群众和谐相处，重视实现乡镇区域内民众的平等自由权利，获得最广泛的群众认同——维护农民的民主权利。

(3) 乡镇政府实现政治角色，主要体现在维护农民民主权利。民主化是世界各国追求的社会政治目标。而治理理论中的民主理念，更多地被理解为是在宪政制度的基础上，依靠发达的公民社会和丰富的社会资本，依靠人民自治的共同体，获得参与公共事务管理的权利，并实际地参与公共事务决策和管理的过程。因此，我国乡镇政府的建设当然要以民主政府为目标，理应维护农民民主权利。在乡镇一级构建多元的民主合作机制，扩展乡村人民民主参与乡镇政治的渠道，使之有足够的政治权力参与到乡政的选举、决策、管理和监督等诸多层面和各种事务当中，使国家与乡村民间社会在乡镇社区治理中达成全面、积极和有效的合作。具体表现为：培育和发展农村社会民间组织、发展完善村民自治工作、改革乡镇领导干部选拔任用方式、促进和完善乡镇政务公开以及加强乡镇人民代表大会制度建设等方面。

(4) 乡镇政府为了实现服务角色，主要表现在提供最优农村公共产品。乡镇政府作为直接服务于农民群众的一级政府，为了更好地服务农村、农业和农民，必须提供最优农村公共产品，包括从关系农民生存权利的最基本公共产品到具有完全外溢性的公共产品。治理理论制度创新最为关键的一环就是对公共物品是进行提供和还是进行生产的区分。政府"掌舵"而不"划桨"，政府授权而不必躬亲。政府职能转变中的一项主要内容就是改变政府的传统做事方式，从而实现更高效的公共服务和公共产品。乡镇政府在实现其供给农村公共产品的过程中，应该借鉴治理理论中多元化的理念，突出乡镇政府服务职能实现的竞争性。在公共产品供应过程中，特别是生产过程，一定要引入竞争机制，以保证农村公共产品的高效最优供给。

(5) 成功实现乡镇政府职能转变，还需要多种相关因素的综合改革。我国的乡镇政府职能转变发生在"市场化"经济体制改革和"民主化"政治体制改革的整个过程中，牵涉到了多方面的影响因素，既包括行政系统内部因素，也包括行政系统外部因素。因此，推进乡镇政府职能转变不是一个简单的、单方面的行动，而是一个"牵一发而动全身"的错综复杂的系统改革。治理理论告诉人们，乡镇政府职能的转变绝不仅仅是乡镇政府自身的事情，它还取决于政府间的横向和纵向关系，也取决于政府和各种社会民间组织、私人、企业的关系。只有把乡镇政府放到与其周边相关的复杂关系网络中，乡镇政府职能转变才能最终得到落实。为了确保乡镇政府职能转变得以顺利实现，我们必须进行许多相关因素的综合改革。本书主要从尽量减小县对乡镇的支配性行政力量、尽力加强乡镇政府自身的整体改进、积极拓展村对乡镇的民主性调适力量等三方面讨论了相关保障因素的建设。

二、创新之处

本书按照课题研究创新、求实的总要求，在充分借鉴吸收相关研究成果的同时，高度重视和追求的创新价值。本书的创新点主要体现在以下几个方面：

(1) 将当代先进科学理论与我国乡镇政府的现实状况相结合。本书运用当代政治学、行政学的一些新的研究成果——治理理论来分析中国乡镇政府，强调治理和善治理论对于我国乡镇政府职能转变的指导意义和参考价值。同时，结合中国乡村的现状实际，在对乡镇政府职能现状的考察过程中，利用笔者在贵州实地调研的资料，揭示我国现阶段乡镇政府职能存在的主要问题。总之，本书在尝试对于乡镇政府职能进行新的理论阐释和理论概括的同时，也力争使得对乡镇政府职能的研究不脱离中国的国情和乡情。

（2）本书的研究与中国农村新形势密切相结合。2005 年 10 月，党的十六届五中全会明确提出了建设社会主义新农村的重大历史任务，“要按照生产发展、生活宽裕、乡风文明、村容整洁、管理民主的要求，坚持从各地实际出发，尊重农民意愿，扎实稳步推进新农村建设”。同时，我国自 2006 年开始，实行全面取消农业税的政策，“以农养政”的时代成为历史，中国农村社会经济发展面临着前所未有的新形势。本书在讨论乡镇政府职能如何转变时，以建设社会主义新农村为目标，以全面取消农业税为契机，促进乡镇政府职能转变，包括乡镇政府职能定位目标、职能实现方式以及相关保障因素的整体改革。

（3）乡镇政府政治角色的体现主要在于维护农民的民主权利，不仅表现在政治民主上，行政民主也不容忽视。治理理念中的民主更多地被理解为是在宪政制度的基础上，依靠发达公民社会和丰富的社会资本，依靠人民自治的共同体，获得参与公共事务管理的权利，并实际地参与公共事务决策和管理的过程。因此，乡镇政府加强基层民主政治建设，不仅仅是要改革乡镇领导干部选拔任用方式和加强乡镇人民代表大会制度建设，更重要的是要培育和发展农村社会民间组织、发展完善村民自治工作以及促进和完善乡镇政务公开。基层民主具有以下基本特征：一是基层民主应该具有可操作的内容；二是基层民主应该具有广泛的群众基础；三是基层民主应该是一种过程民主，应该是渗透到村公共事务每一个重要环节中的民主。

（4）乡镇政府供给农村公共产品的过程中，应该注意区别公共产品的生产与提供，进而形成多元化供给格局。治理理论制度创新最为关键的一环就是对公共产品提供和生产的区分。政府“掌舵”而不“划桨”，政府授权而不必躬亲。政府职能转变中的一项主要内容就是改变政府的传统做事方式，从而实现更高效的公共服务和公共产品。因此，乡镇政府在实现其供给农村公共产品的过程中，注意将公共产品的生产与提供加以区别，引入各种竞争机制，实现农村公共产品的多元化供给，特别是生产主体的多元化，突出乡镇政府服务职能实现的竞争性。

三、研究展望

本书初步达到了研究的预计目标，基本完成了研究任务，对治理理论视角下的乡镇政府职能做出了较为全面深入的研究分析，提出了一些有创新性的观点、结论和理论框架。但是，由于时间、精力、能力以及条件的限制，再加上乡镇政府职能转变本身既是一项艰巨而紧迫的任务，又是一个长期而复杂的过程，不可能一蹴而就、一转就灵，因此，笔者期待在以后的学习和研究中能有新的突破和进展，在今后的学习和研究中应该在以下几个方面继续努力。

首先，乡镇政府职能转变具有很强的路径依赖性，在借鉴治理理论这一当代先进科学理论时，还需进一步细化二者之间的关系。我国乡镇政府的职能现状不是短期形成的，而是由我国传统社会的历史影响，再加上高度集中计划经济体制的遗留影响而形成的，具有一定的自身发展规律。而治理理论作为直接发端于西方社会，其发展也都是以西方国家社会为背景的先进科学理论，虽然对我国乡镇政府职能转变具有重要的参考价值和借鉴意义，但是毕竟二者具有不同的发展背景。治理理论究竟如何指导我国乡镇政府职能转变，还值得进一步思考。

其次，乡镇政府职能转变事实上是一个系统工程，除了本书已经分析到的县乡村等相关因素的综合改革外，还有许多因素值得重视。如，乡镇政府职能转变不可避免会带来人员的换岗、分流，为了最低限度减少改革遭到的抵触，搞好乡镇工作人员的社会保障工作日显重要；又如，中央政府和中央各部门对乡镇政府职能转变的重视程度和支持力度；另外，党政关系一直在很大程度上影响着我国政府改革的进程和质量，乡镇政府也不例外；等等。这些因素都会在很大程度上影响到乡镇政府职能转变的速度和效果，值得我们进一步思考和研究。

参考文献

[1] 阿尔贝克,等.北欧地方政府:战后发展趋势与改革[M].常志霄,张志强译,北京:北京大学出版社,2005.

[2] 阿姆纳,蒙丁.趋向地方自治的新理念?:比较视角下的新近地方政府立法[M].北京:北京大学出版社,2005.

[3] 奥斯特罗姆,等.美国地方政府[M]. 井敏,陈幽泓译.北京:北京大学出版社,2004.

[4] 彼得斯.政府未来的治理模式[M]. 吴爱明,夏宏图译.北京:中国人民大学出版社,2001.

[5] 毕争,邢传.论乡政府的角色冲突:兼论对乡级政府机构改革的认识与思考[J].天府新论,2003(3):79-83.

[6] 博克斯.公民治理:引领21世纪的美国社区[M]. 孙柏瑛等译.北京:中国人民大学出版社,2005.

[7] 薄贵利.近现代地方政府比较[M].北京:光明日报出版社,1988.

[8] 蔡典维.变革中作为:面向知识经济的政府作用论[M].北京:国家行政学院出版社,2004.

[9] 曹沛霖.政府与市场[M].杭州:浙江人民出版社,1998.

[10] 曹任何.合法性危机:治理兴起的原因分析[J].理论与改革,2006(2):20-24.

[11] 柴华奇,孙国华,陈王伟.加入WTO后西部地方政府职能创新研究[M].西安:陕西人民出版社,2004.

[12] 陈红太.当代中国政府体系[M].北京:华文出版社,2001.

[13] 陈振明,等.竞争型政府:市场机制与工商管理技术在公共部门管理中的应用[M].北京:中国人民大学出版社,2006.

[14] 陈振明.公共管理学:一种不同于传统行政学的研究途径[M].2版.北京:

中国人民大学出版社,2003.
[15] 褚晓雯.对乡镇改革中重塑乡镇公共服务职能的思考:以湖北省咸宁市咸安区的乡镇改革为例[J].甘肃农业,2005(10):26.
[16] 党国英.农村改革攻坚[M].北京:中国水利水电出版社,2005.
[17] 登哈特,登哈特,新公共服务:服务,而不是掌舵[M]. 丁煌,译.北京:中国人民大学出版社,2004.
[18] 董克用.公共治理与制度创新:第一届中美公共管理学术研讨会论文集[M].北京:中国人民大学出版社,2004.
[19] 方湖珊,郑布英.乡镇政府机构改革研究[M].南昌:江西科学技术出版社,2005.
[20] 方宁.中部地区乡镇财政研究[M].北京:清华大学出版社,2004.
[21] 高秉雄,陈国申.西方基层政府的合并浪潮及对我国的启示[J].社会主义研究,2006(2):96-100.
[22] 高王凌.政府作用和角色问题的历史考察[M].北京:海洋出版社,2002.
[23] 高新军.从美国地方政府对城市的管理看经营城市的差异和借鉴[J].城市,2002(1):6-8.
[24] 高新军.从我国农村税费改革看乡镇政府公共产品的供给[J].理论导刊,2003(10):4-5.
[25] 高新军.美国地方政府治理案例调查与制度研究[M].西安:西北大学出版社 2005.
[26] 高新军.实现从权力政府向责任政府的转变:我国乡镇级地方政府治理的比较研究[M].西安:西北大学出版社,2005.
[27] 郭小聪.政府经济职能与宏观管理[M].广州:中山大学出版社,1900.
[28] 郭正林.变革社会的公共治理:中国案例[M].广州:中山大学出版社,2003.
[29] 国务院发展研究中心乡镇改革课题组,赵树凯.从十省(区)二十个乡镇的调查看残缺的乡镇政府权力体系(中)[J].科学决策,2005(2):36-38.
[30] 何增科,高新军,杨雪冬,等.基层民主和地方治理创新[M].北京:中央编译出版社,2004.

[31] 何增科. 农村治理转型与制度创新：河北省武安市“一制三化”经验的调查与思考[J]. 经济社会体制比较，2003(6)：74-82.

[32] 贺雪峰，董磊明. 农村乡镇建制：存废之间的思考[J]. 中国行政管理，2003(6)：18-20.

[33] 侯保疆. 论乡镇政府职能的转变[J]. 社会主义研究，2003(4)：111-113.

[34] 侯保疆. 中国乡镇管理研究[M]. 北京：中国社会科学出版社，2006.

[35] 侯建会. 关键是让农民在自主经营中学会自我发展：兼论西部农村基层政府的使命[J]. 理论导刊，2002(9)：19-20.

[36] 胡伟. 政府过程[M]. 杭州：浙江人民出版社，1998.

[37] 胡星斗. 希望尽快撤销乡镇政府[J]. 江苏农村经济，2004(1)：18.

[38] 黄德发. 政府治理范式的制度选择[M]. 广州：广东人民出版社 2005.

[39] 黄健荣，等. 公共管理新论[M]. 北京：社会科学文献出版社，2005.

[40] 黄天柱. 政府职能·政府能力·机构改革：乡镇一级的思考[J]. 地方政府管理，2001(10)：18-20.

[41] 黄卫平，邹树彬. 乡镇长选举方式改革：案例研究[M]. 北京：社会科学出版社，2003.

[42] 贾建芳. 转轨中的中国政治走向：善治与增量民主：访俞可平研究员[J]. 科学社会主义，2004(1)：3-7.

[43] 金太军，等. 乡镇机构改革挑战与对策[M]. 广州：广东人民出版社，2005.

[44] 金太军，施从美. 乡村关系与村民自治[M]. 广州：广东人民出版社，2002.

[45] 金太军. 推进乡镇机构改革的对策研究[J]. 中国行政管理，2004(10)：64-70.

[46] 金太军，赵晖，高红，等. 政府职能梳理与重构[M]. 广州：广东人民出版社，2002.

[47] 乐观清. 更新政府管理理念 转变乡镇政府职能[J]. 四川行政学院学报，2004(6)：12-14.

[48] 李彬. 乡镇公共物品制度外供给分析[M]. 北京：中国社会科学出版社，2004.

[49] 李昌平，董磊明. 税费改革背景下的乡镇体制研究[M]. 武汉：湖北人民出

版社 2004.

[50] 李昌平.乡镇体制改革:官本位体制向民本位体制转变[J].学习月刊,2004(2):30-31.

[51] 李昌平.乡镇体制改革和乡村社会发展:由“政府本位”向“民间本位”转变[J].毛泽东邓小平理论研究,2004(6):29-35.

[52] 李大林.中国地方政府职能转变的理论和实践研究[M].北京:国家行政学院出版社,2005.

[53] 李东升,窦熙博.乡镇政府职能中性化的思考[J].求是,2004(S3):36-37.

[54] 李国友.共产党执政条件下的农村基层治理体系研究[M].北京:红旗出版社,2004.

[55] 李军鹏.公共行政学[M].北京:首都经济贸易大学出版社,2004.

[56] 李俊清.论乡村公共权力体系的改革与完善[J].晋阳学刊,2007(1):18-23.

[57] 李俊清,王臻荣.社会主义民主政治的伟大创举:村民自治的理论与实践[M].太原:山西经济出版社,2002.

[58] 李文良,等.中国政府职能转变问题报告:问题·现状·挑战·对策[M].北京:中国发展出版社,2003.

[59] 李秀潭.西部地方政府行为模式[M].杭州:浙江人民出版社,2004.

[60] 林尚立.国内政府间关系[M].杭州:浙江人民出版社,1998.

[61] 林志鹏.我国公共决策制度创新问题研究——公共治理理念与互动式参与决策[D].长春:吉林大学,2005.

[62] 刘丽霞.农业型地区乡镇政府的职能定位与改革[J].经济与社会发展,2004,2(7):75-77.

[63] 刘娅.治理转型与乡镇干部选任制改革[J].经济社会体制比较,2003(6):67-73.

[64] 龙朝双,谢昕.地方政府学[M].武汉:中国地质大学出版社,2001.

[65] 栾桂海.加入 WTO 后如何转变乡镇政府职能[J].当代经济,2004(1):43.

[66] 罗西瑙.没有政府的治理:世界政治中的秩序与变革[M].张胜军,刘小林,等译.南昌:江西人民出版社,2001.

[67] 马海涛,李霁.县级财政的现状与创新[J].河北经贸大学学报,2004,25(3):56-59.
[68] 马戎.中国乡镇组织变迁研究[M].北京:华夏出版社,2000.
[69] 马戎.中国乡镇组织调查[M].北京:华夏出版社,2000.
[70] 马晓旭.后税费时代乡镇政府职能的重新定位[J].江苏农村经济,2005(11):26-27.
[71] 毛寿龙.中国政府功能的经济分析[M].北京:中国广播电视出版社,1996.
[72] 毛寿龙,李梅,陈幽泓.西方政府的治道变革[M].北京:中国人民大学出版社,1998.
[73] 潘嘉玮,周贤日.村民自治与行政权的冲突[M].北京:中国人民大学出版社,2004.
[74] 潘维.农民与市场:中国基层政权与乡镇企业[M].北京:商务印书馆,2003.
[75] 乔耀章.政府理论[M].2版.苏州:苏州大学出版社,2003.
[76] 秦晓山,欧阳波,郭卫民.重构乡镇政府职能[J].群众,2004(10):54-56.
[77] 荣敬本,等.从压力型体制向民主合作体制的转变:县乡两级政治体制改革[M].北京:中央编译出版社,1998.
[78] 荣敬本,高新军,杨雪冬,等.再论从压力型体制向民主合作体制的转变:县乡两级政治体制改革的比较研究[M].北京:中央编译出版社,2001.
[79] 荣仕星.实用行政管理学[M].北京:人民出版社,2004.
[80] 萨瓦斯.民营化与公私部门的伙伴关系[M].周志忍等译.北京:中国人民大学出版社,2002.
[81] 施雪华.政府权能理论[M].杭州:浙江人民出版社,1998.
[82] 宋舜先.浅议乡镇政府职能的"退"与"进"[J].成都行政学院学报(社会科学类),2001(3):42-43.
[83] 苏红.社会变迁中的乡镇政权:沪郊某乡镇政权的个案研究[M].上海:上海三联书店,2004.
[84] 孙柏瑛.当代地方治理:面向21世纪的挑战[M].北京:中国人民大学出版社,2004.

[85] 唐娟. 政府治理模式研究:以公共物品供给模式多元化为研究视角[D]. 北京:北京大学,2002.

[86] 廷德尔,廷德尔等. 加拿大地方政府[M]. 于秀明,邓璇,译. 北京:北京大学出版社,2005.

[87] 王翠英. 乡镇一级政府到底应当怎样改?:学术界关于乡镇政府体制改革讨论综述[J]. 理论导刊,2004(9):52-54.

[88] 王勇. 乡镇政府新定位[J]. 江苏农村经济,2004(2):44-45.

[89] 王中汝. 政治发展视野中的乡镇政权改革研究[M]. 长春:吉林人民出版社,2003.

[90] 魏文章. 关于乡镇管理职能转变的几点思考[J]. 理论导刊,2004(12):11-13.

[91] 吴爱明,朱国斌,林震. 当代中国政府与政治[M]. 北京:中国人民大学出版社,2004.

[92] 吴刚. 现阶段乡级政府经济职能探析:以豫南 M 乡为个案[J]. 中国农村经济,2004(8):49-53.

[93] 吴锦良. 政府改革与第三部门发展[M]. 北京:中国社会科学出版社,2001.

[94] 吴理财. 咸安政改:体制内的增量改革:咸安横沟桥镇综合配套改革调查[J]. 社会主义研究,2006(1):67-70.

[95] 吴理财. 乡镇政府:撤销抑或自治? [J]. 安徽决策咨询,2003(5):32-34.

[96] 吴新叶. 农村基层非政府公共组织研究[M]. 北京:北京大学出版社,2006.

[97] 吴志成. 治理创新:欧洲治理的历史、理论与实践[M]. 天津:天津人民出版社,2003.

[98] 项继权. 从"养人"到"养事" 湖北乡镇"站所改制"风暴[J]. 安徽决策咨询,2004(6):34-35.

[99] 项继权. 县乡管理体制改革的前提和关键是什么[J]. 学习月刊,2004(3):10-12.

[100] 谢庆奎,等. 中国地方政府体制概论[M]. 北京:中国广播电视出版社,1998.

[101] 谢庆奎,燕继荣,赵成根. 中国政府体制分析[M]. 北京:中国广播电视出

版社,1995.
[102] 辛向阳.新政府论:市场经济、政府职能、机构改革[M].北京:中国工人出版社,1994.
[103] 徐秀丽.中国农村治理的历史与现状:以定县、邹平和江宁为例[M].北京:社会科学文献出版社,2004.
[104] 徐旭川.公共财政体制框架下的乡镇政府职能转变[J].农村财政与财务,2003(12):15-16.
[105] 徐勇.变乡级政府为派出机构[J].安徽决策咨询,2003(5):31-33.
[106] 徐勇,高秉雄.地方政府学[M].北京:高等教育出版社,2005.
[107] 徐勇.乡村治理与中国政治[M].北京:中国社会科学出版社,2003.
[108] 许光建.中国农村税费改革的回顾与评价[J].山西财经大学学报,2004,26(1):31-34.
[109] 杨冠琼.政府治理体系创新[M].北京:经济管理出版社,2000.
[110] 于建嵘.岳村政治:转型期中国乡村政治结构的变迁[M].北京:商务印书馆,2001.
[111] 俞可平,等.中国公民社会的兴起与治理的变迁[M].北京:社会科学文献出版社,2002.
[112] 俞可平.地方政府创新与善治:案例研究[M].北京:社会科学文献出版社,2003.
[113] 俞可平.民主与陀螺[M].北京:北京大学出版社,2006.
[114] 俞可平.治理与善治[M].北京:社会科学文献出版社,2000.
[115] 袁文平,等.西部大开发中地方政府职能研究[M].成都:西南财经大学出版社,2004.
[116] 詹成付.关于深化乡镇体制改革的研究报告[J].开放时代,2004(2):5-15.
[117] 詹成付.乡村政治若干问题研究[M].西安:西北大学出版社,2004.
[118] 张成福,党秀云.公共管理学[M].北京:中国人民大学出版社,2001.
[119] 张德信,薄贵利,李军鹏.中国政府改革的方向[M].北京:人民出版社,2003.

[120] 张锦明,马胜康. 步云直选:四川省遂宁市市中区步云乡直选实录[M]. 西安:西北大学出版社,2004.

[121] 张进铭. 政府在经济发展中的作用:以英、美、日、韩四国为例[M]. 北京:经济管理出版社,2001.

[122] 张静. 基层政权:乡村制度诸问题[M]. 杭州:浙江人民出版社,2000.

[123] 张全在,贺晨. 镇政府管理:建昌镇调查[M]. 北京:中国广播电视出版社,1998.

[124] 赵辰昕. 乡政府管理:江南乡调查[M]. 北京:中国广播电视出版社,1998.

[125] 赵树凯. 从 10 省(区)20 个乡镇的调查看我国乡镇机构改革(上)[J]. 科学决策,2005(1):37-40.

[126] 赵树凯. 从 10 省(区)20 个乡镇的调查看弊端严重的乡镇政府问责体系(下)[J]. 科学决策,2005(3):46-49.

[127] 朱斯琴. 治理理念产生的背景及其启示[J]. 内蒙古师范大学学报(哲学社会科学版),2005,34(1):57-60.

[128] BARZELAY M,ARMAJANI B J. Breaking through bureaucracy:a new vision for managing in government [M]. Berkeley: University of California Press,1992.

[129] BOVAIRD A G,LÖFFLER E. Public management and governance[M]. London:Routledge,2003.

[130] BOX R C. Citizen governance:leading American communities into the 21st century[M]. Thousand Oaks,Calif. :Sage Publications,1998.

[131] DENHARDT J V,DENHARDT R B. The new public service:serving, not steering[M]. Armonk,N. Y. :M. E. Sharpe,2003.

[132] FOX G H,ROTH B R. Democratic governance and international law [M]. Cambridge,UK:Cambridge University Press,2000.

[133] HOOD C. The tools of government[M]. London:Macmillan,1983.

[134] HOUT W. Governance and Development: changing EU policies [J]. Third World Quarterly,2010,31:1-12.

[135] ROSENAU J N,CZEMPIEL E O. Governance without government:

order and change in world politics [M]. Cambridge [England]: Cambridge University Press, 1992.

[136] SAVAS E S. Privatization and public-private partnerships [M]. New York: Chatham House Publishers, 2000.